마녀 이모와 로마를 가다

*이 책에 실린 사진에 대한 저작권은 조성자와 (주)현암사에 있습니다. 그 외의 사진 출처는 다음과 같습니다.

30p. 출입구 로마 글자 ⓒ David Castor, 34p. 벨라리움 ⓒ Jean-Léon Gérôme, 49p. 카피톨리노 광장의 로물루스와 레무스 조각상 ⓒ G.dallorto, 늑대의 젖을 빨고 있는 로물루스와 레무스 조각상 ⓒ Jean-Pol GRANDMON, 100p. 진실의 입 ⓒ Phyrexian, 109p. 네로 황제 ⓒ Bibi Saint-Pol, 111p. 도무스 아우레아 실내 ⓒ MatthiasKabel, 115p. 트라야누스 포룸 ⓒ Janusz Recław, 120p. 나폴레옹 원기둥 ⓒ Roger Davies, 카를 성당 원기둥 ⓒ Gryffindor, 131p. 디오스쿠리 ⓒ Diana Ringo, 141p. 아부심벨 신전 ⓒ PHedwig Storch, 143p. 바르카차 분수 ⓒ Sky84, 147p. 트레비 분수 ⓒ Andrés Nieto Porras, 164p. 아폴론과 다프네 ⓒ dalbera, 173p. 요정들의 분수 ⓒ Peter Clarke, 190p. 바티칸미술관(위) ⓒ Kevin Chan, (아래) ⓒ Vdegroo, 191p. 바티칸 미술관 복도 ⓒ Jean-Christophe BENOIST

*wikimedia commons
19p. 로마의 일곱 언덕, 26p. 로마 지하철 노선도, 50p. 로물루스와 레무스, 91p. 사비니 여인들의 납치, 124p. 포룸 율리움 상상도, 154p. 판테온 입구 청동 글씨, 183p. 아우구스투스 묘지 묘사도, 196~198p. 아테네 학당, 201~202p. 천지 창조, 203p. 모세의 생애, 204~205p. 최후의 심판, 221~222p. 카타콤베 안 그림

마녀 이모와 로마를 가다

초판 1쇄 발행 | 2015년 8월 15일
초판 2쇄 발행 | 2017년 2월 25일

지은이 | 조성자
그린이 | 이영림
펴낸이 | 조미현

책임편집 | 황정원
디자인 | 씨오디

등록 | 1951년 12월 24일 · 제10-126호
주소 | 04029 서울시 마포구 동교로12안길 35
전화 | 02-365-5051 · 팩스 | 02-313-2729
전자우편 | child@hyeonamsa.com
홈페이지 | www.hyeonamsa.com
페이스북 | www.facebook.com/hyeonami
블로그 | blog.naver.com/hyeonamsa

ⓒ 조성자, 이영림 2015

ISBN 978-89-323-7400-0 74600
ISBN 978-89-323-9318-6 (세트)

이 도서의 국립중앙도서관 출판예정도서목록(CIP)은 서지정보유통지원시스템 홈페이지(http://seoji.nl.go.kr)와 국가자료공동목록시스템(http://www.nl.go.kr/kolisnet)에서 이용하실 수 있습니다. (CIP제어번호 : CIP2015020984)

*이 책은 저작권법에 따라 보호를 받는 저작물이므로 저작권자와 출판사의 허락 없이 이 책의 내용을 복제하거나 다른 용도로 쓸 수 없습니다.
*책값은 뒤표지에 있습니다. 잘못된 책은 바꾸어 드립니다.
*현암주니어는 (주)현암사의 아동 브랜드입니다.

제품명 도서	전화 02-365-5051
제조년월 2017년 2월	제조국명 대한민국
제조자명 (주)현암사	사용연령 10세 이상
주소 서울시 마포구 동교로12안길 35	

주의사항 책 모서리에 부딪히거나 종이에 베이지 않도록 주의해 주세요.
* KC 마크는 이 제품이 공통안전기준에 적합하였음을 의미합니다.

조성자 글 | 이영림 그림

현암
주니어

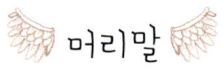 머리말

'만일 당신이 어떤 것에 대해 알고자 한다면 그것을 오랫동안 바라보아야 한다.'
존 모피트 시인이 쓴 『어떤 것을 알려면』이라는 시에 있는 구절입니다.

로마를 알기 위해서도 오랫동안 바라보아야 했습니다. 그러나 그냥 바라보는 것만으로는 알 수 없습니다. 그것에 대한 역사와 역사 속에 살았던 사람들의 발자취와 그들의 날숨과 들숨까지 알려는 자세가 있어야 합니다.

로마를 처음 방문한 것은 이 책을 쓰기 이십삼 년 전쯤이었던 것으로 기억합니다. 그때 해외여행이 봇물처럼 유행이었고, 나 역시 유행처럼 로마를 다녀왔습니다. 데일 것 같은 뜨거운 더위와 눅진눅진한 습기 때문에 포룸 로마눔 안은 밟아 보지도 못하고 그저 내려다보면서 '고대 로마의 모습이 저랬구나.' 하고 혼잣말을 했습니다. 마찬가지로 콜로세움 안에도 들어가지 않고 겉만 보고 안은 상상으로 채웠습니다.

트레비 분수 앞에서는 또 어땠는지요! 분수의 역사적 의미와 그 안에 담겨 있는 이야기는 귓등으로 듣고, 등 뒤로 동전을 던져야 로마에 다시 올 수 있다는 말에 동전 던지기에만 열심을 냈습니다. 진실의 입 앞에서는 영화에 나오는 여자 주인공처럼 손을 넣고 놀라는 장면을 연출하려고 긴 줄을 서서 사진 찍기에 바빴던 모습을 떠올립니다. 아, 얼마나 부끄러운 기억인지요!!

벼르고 별러 다녀온 로마에 대한 기억은 이렇게 로마의 본질은 빼놓고, 그저 고대 로마의 땅에 발을 찍고 온 것 정도로만 기억하고 있다 보니, 시간을 되돌려 고대 로마

의 유물들과 다시 눈맞춤을 제대로 하고 싶은 마음이 생겼습니다.

  그런데 정말 다행이지 싶게 로마를 다시 서너 차례 방문하게 되었습니다. 이번엔 로마에 관한 많은 책들을 읽어 나름 열심히 준비를 했습니다. 발품을 해서 유적지를 차근차근 돌아보았습니다. 콜로세움 안을 거닐 땐 검투사의 입장이 되어 보기도 했고 사자의 입장이 되어 보기도 했습니다.

  판테온 가는 길에 비슷비슷한 골목길에서 길도 잃었고, 카라칼라 목욕장으로 가는 길엔 장대비에 온몸이 젖은 데다, 버스를 기다리다 부르튼 발을 질질 끌며 숙소로 돌아오기도 했습니다. 사람들로 가득한 전철을 갈아타는 즐거운 수고를 반복하다 보니, 시나브로 고대 로마의 역사와 로마 인들이 뚜벅뚜벅 내 안으로 걸어 들어왔습니다.

  욕심이 생겼습니다!!

  모든 문화가 들어오고 다시 세계로 흘러나간 로마의 그 문화와 역사를 우리 아이들에게도 들려주고 싶었습니다. 적어도 처음 내가 로마를 방문했을 때처럼 로마의 알갱이는 빼놓고 겉만 보고 오는 실수를 겪지 않게 도와주고 싶었지요.

  이 책은 동화로 쉽게 읽으면서 로마의 역사와 로마 인의 정신을 이해할 수 있도록 했습니다. 그냥 역사책으로만 쓰면 자칫 읽는 이들이 로마의 오랜 역사의 무게에 눌려 책 읽는 즐거움을 잃을까 걱정이 되었기 때문입니다.

  이 책을 쓰기까지 남편의 도움이 컸습니다. 로마에 관련된 모든 책을 구해 함께 읽고 로마에 갈 때마다 동행해 사진을 찍어 주는 일도 유쾌하게 해 주었기 때문입니다. 이 책을 만드느라 머리에 쥐가 날 정도로 역사책을 뒤졌을 현암사 편집부와 『마녀 이모와 피렌체를 가다』에 이어 그림을 그려 준 이영림 작가에게 고마운 마음 전합니다. 아, 이 책의 미래를 내다본 현암사의 조미현 사장님께도 고마운 마음 전합니다.

2015년 7월 초록 바람이 가득한 동심재에서 조성자

차례

머리말 • 4

까칠 언니와 로마에 왔다 • 8

첫날부터 싸움 • 18

콜로세움을 만나다 • 25

콘스탄티누스 대제처럼 잘생긴 개선문 • 38

언니가 떠난 팔라티노 언덕에서 로물루스를 만나다 • 47

아우구스투스 황제님, 참 검소하시네요 • 56

포룸 로마눔에서 만난 잘난 척 언니 • 65

라르고 아르젠티나에서 마음의 빗장을 풀다 • 82

비토리오 에마누엘레 2세 기념관 앞에서 언니는 왕따가 되었다 • 86

대경기장 키르쿠스 막시무스에서 성숙해진 내 모습을 보다 • 89

진실의 입에 손을 넣다 • 98

네로 황제는 엄청 사치스러웠다 • 105

트라야누스 시장터에서 언니와 다투다 • 114

왔노라 보았노라 이겼노라 • 122

카피톨리노 박물관에서 마르크스 아우렐리우스 황제를 만나다 • 128

베네치아 광장에서 겨울비에 젖다 • 134

포폴로 광장에는 죽은 네로의 혼이 떠돌아다닌다 • 138

트레비 분수 앞에서 언니가 딱지를 맞다 • 145

판테온에서 내 사랑 라파엘로를 만나다 • 152

나보나 광장에서 언니는 울었다 • 160

디오클레티아누스 목욕장에서 미켈란젤로를 만나다 • 169

천사의 성은 한때 감옥이었다 • 175

고즈넉한 아우구스투스 황제 묘지에서 • 181

바티칸 미술관에서 아테네 학당을 만나다 • 186

시스티나 예배당에서 천국과 지옥을 보다 • 200

성 베드로 대성당에서 피에타를 만나다 • 207

카타콤베에서 만난 천사 • 219

수도교는 파란 하늘을 이고 있었다 • 231

로마에서 마지막 날 똘레랑스를 품다 • 235

짜무의 로마 여행 지도 • 242   참고한 책 • 244

까칠 언니와 로마에 왔다

겨울비가 추적추적 내리고 있었다. 빗소리 때문인지 어둠 때문인지 로마의 공항은 을씨년스러웠다.

비행기의 좁은 좌석에서 달팽이처럼 몸을 말고 잠을 잤더니 온몸의 신경들이 죽어 있는 것 같았다. 공항에 내리자마자 온몸을 터니 신경들이 꼬무락거리며 살아나면서 피가 퍼지는 느낌이 들었다. 비를 피하느라 한 손을 머리 위로 올리며 물었다.

"언니, 혹시 우산 있어?"

언니는 처음 보는 로마의 모든 것들이 신기한 듯 주위를 두릿두릿 살펴보느라 내 말에는 신경도 쓰지 않았다.

이모가 내게 우산을 건넸다.

"쓰렴. 비 맞으면 감기 걸려."

와, 마녀 이모가 이런 친절을 베풀다니. 아니, 이모는 이제 더 이상 내게 마녀 이모가 아니다. 이모와 피렌체에 다녀온 이후부터 나는 이모를 기분 좋을 땐 '노영주 작가님'이라고 부르고, 부아가 치밀 땐 내 맘대로 '마녀 이모!'라고 부른다. 그래도 이모는 왈칵 화를 내지 않고 나를 쓰윽 쳐다보다 피식 웃으며 자신이 하던

일에 눈길을 돌려 버린다. 사춘기의 절정에 이른 내 기분을 다 안다는 눈빛이다. 하여튼 내 뼛속까지 알고 있는 것 같은 이모의 눈빛이 가끔은 부담스러울 때도 있다.

피렌체에 다녀온 이후부터 엄마는 이모와 나를 겨끔내기로 바라보며 혼잣말을 하곤 했다.

"암튼 영주와 은무가 피렌체에 갔다 오더니 찰떡궁합이 되었는지 서로를 챙겨 주네……. 전에는 얼굴만 봐도 으르렁거리더니……."

나는 우산을 펼치고 이모 뒤를 성큼성큼 따라갔다. 이모는 뒤도 돌아보지 않고 외쳤다.

"빨랑 따라와! 로마의 테르미니 기차역으로 가는 버스를 타야 해. 우리의 목적지는 그곳이거든."

순간 내 우산을 재빠르게 채가는 손이 있었다.

"이런, 짜무, 너 혼자 우산 쓰냐?"

언니가 나를 '짜무'라고 부르는 소리에 나는 머리카락이 주뼛 섰다. 분명 언니가 나를 '짜무'라고 불렀다. 나는 우산 속에 머리를 들이밀며 소리쳤다.

"뭐야? 쓰고 있는 우산을 낚아채 가는 사람이 어디 있어?"

이모가 뒤를 돌아보며 우리를 향해 소리쳤다.

"저기 보이는 버스 타야 해!"

언니는 버스를 향해 뛰어갔다.

나는 가방을 끌고 버스를 향해 뛰면서 외쳤다.

"뭐야! 언니 혼자 우산 쓰고? 언니 혼자만 사람이냐?"

내 목소리가 컸던지 이모가 인상을 쓰며 나무라듯

말했다.

"이런, 짜무, 조용히 말할래? 이곳 사람들이 한국 사람이 다 너 같다고 생각하겠다."

피, 나는 입술을 부루퉁하게 내밀며 구시렁거렸다. 이모도 얼마 전엔 장소를 가리지 않고 마녀처럼 소리를 꽥꽥 내질렀다고.

이모는 버스 앞자리에, 이모 뒷자리에 언니와 내가 나란히 앉았다.

나는 씩씩거리며 언니에게 불퉁한 목소리로 물었다.

"언니, 내가 왜 짜무야? 무슨 뜻이야?"

언니는 내 볼살을 잡아당기며 말했다.

"이런, 사춘기. '짜증 내는 은무'의 줄임말이지 뭐야?"

나는 언니를 날카롭게 노려보며 물었다.

"내가 사춘기 보내는 데 언니가 도와준 것 있어? 글구 혼자 우산 쓰면 어떡해. 이모가 나 쓰라고 준 우산인데."

로마에 내려 아직 여행도 시작하기 전인데 불편한 감정이 울끈불끈 솟구쳤다. 이모는 나를 자랑스러운 은무라는 뜻으로 '짜무'라고 부른다. '자랑스러운'에 힘을 준 '짜랑스러운 은무'를 줄여 '짜무'라고 불러 은근히 언니도 그런 뜻으로 부르는 줄 알았다. 그런데 짜증 내는 은무라니!

이건 아닌데. 로마에 도착한 첫날부터 뭔가 꼬이는 것 같다. 아, 언니와 함께 여행 오는 것이 아닌데……. 엄마와 아빠가 우리 대신 여행을 와야 하는 건데, 생각해 보니 나와 언니가 철부지처럼 느껴졌다.

이번 여행은 우리 가족 형편을 볼 때 떠날 수 있는 여행이 아니었다. 아빠가 회사의 임원 승진에서 탈락되었다. 엄마의 충격이 가장 컸다. 그건 바로 자진 사퇴를 의미하는 것이기 때문이다. 이제 막 오십을 넘긴 아빠는 얼마든지 일을 더 할

수 있다. 아빠는 허탈감을 감추려고 자꾸 허허 웃었지만 며칠 사이 볼이 홀쭉해지고 흰머리가 눈에 띄게 늘어난 것을 보면 속으로 아파하고 있는 것 같았다.

도리어 엄마는 의연했다. 눈빛에 힘이 들어가 있었고 발을 힘차게 디디며 혼잣말을 했다.

"그래, 올 일이 온 거야. 한쪽 문이 닫히면 한쪽 문이 열릴 거야."

그나마 다행인 것은 언니가 대학에 붙은 것이다! 그것도 우리나라 최고의 대학에 언니가 원하던 공대를. 언니는 건축가가 되고 싶어 했다. 어렸을 때부터 꿈이 건축가 가우디처럼 멋진 건물을 짓는 것이었다.

엄마는 언니를 위해서 적금을 부었다고 했다. 언니가 대학에 들어가면 가족 여행으로 로마를 가려고 말이다. 엄마와 아빠, 언니, 나, 이렇게 넷이 가족 여행을 계획했지만 엄마와 아빠는 새로운 계획을 짜기 위해 겨울 바다를 다녀오겠다고 했다.

"영주야, 내 대신 금무와 로마에 갈 수 있겠니?"

그 속에 내가 없어 서운했지만 이미 이모와 피렌체를 갔다 왔고 밀라노까지 눈도장을 찍고 왔기에 내 이름이 없어도 참을 만했다.

며칠 후, 이모가 엄마에게 한 말은 의외였다.

"언니 말대로 금무 데리고 로마에 갈게. 마침 로마와 관련된 책에 그림 그리기로 출판사와 계약했거든. 하지만 은무도 데려간다는 조건이야."

엄마는 한숨을 내쉬며 말했다.

"얘, 우리 형편 알잖니? 은무는 작년에 너와 피렌체 갔다 왔고, 게다가 이제 중학생 될 아이라 학교 공부 준비해야 하고……. 그 돈까지 대기에는 벅차네."

거기까지 듣고 나는 학원에 가야 해서 밖으로 나왔다. 그다음 말은 어떻게 이어졌는지 모르지만 내 방에서 현관으로 나가는 나를 보고 엄마와 이모는 말끝을 흐린 것으로 기억한다.

하여튼 이모 입에서 내 이름이 나왔을 땐 이상하게 기분이 좋았다. 다시 이탈리아로 여행을 간다. 이모와 언니와 함께! 그런데 언니와 함께 간다고 하니 영 낯설었다. 언니와 여행 간 기억이 아주 어렸을 때 빼고 없었기 때문이다.

여섯 살 터울인 언니를 생각하면 항상 책상에 앉아 공부하던 모습과 학원에서 늦게 돌아와 시들은 꽃처럼 부스스했던 얼굴만 떠오른다. 언니와 나는 마주할 시간이 거의 없었다. 마주치면 언니는 내게 심부름을 시키거나 화풀이를 하곤 했다.

"야, 꼬맹이, 물 좀 떠와!"

"야, 내 방에서 냉큼 사라져!"

언니는 항상 1등이었다. 1등을 빼앗긴 적이 없었다. 그 일이 엄마를 신 나게 한 모양이었다. 엄마는 언니 일이라면 동서남북 다 뛰어다녔으니까.

그런데 언니 성격이 까칠하기로 팥쥐 엄마에 버금갔다. 며칠 후, 이모가 보낸 책을 받고 언니는 집 안이 울릴 정도로 쇳소리를 냈다.

"뭐야! 입시 끝난 지 얼마 되지 않았는데 또 책을 읽으라고! 쉬고 싶어 여행 가는데 뭔 역사책이냐고……!!"

나는 피렌체 갈 때 이모가 읽으라고 했던 책을 보고 소리 질렀던 것을 생각하곤 속으로 큼큼큼 웃었다. 그런데 웃을 일이 아니었다. 그 책은 내게도 해당되었다. 『에드워드 기번의 로마 제국 쇠망사』, 『열두 명의 카이사르』, 『건축으로 만나는 1000년 로마』, 『로마는 하루아침에 이뤄지지 않았다』, 『로마 제국사』, 『먼나라 이웃나라 이탈리아』……. 무려 열두 권이나! 입이 다물어지지 않았다.

언니는 길길이 뛰며 싸움개처럼 날뛰었다.

"이 여행 안 가! 입시에 찌들었던 몸과 마음을 쉬러 가는 거지, 뭔 책을 한 권도 아니고 열두 권이나 읽으라고!! 에이, 그러니까 은무가 마녀 이모라고 부르는 게 당연하지!!"

나도 책 앞에서 입이 쩍 벌어졌지만 언니가 힘주어 '마녀 이모'라고 부르는 것에는 동의하고 싶지 않았다. 나는 언니에게 될 수 있는 한 다정한 목소리로 말했다.

"언니, 이모, 마녀 이모 아니야."

내 말이 끝나자마자 언니는 눈살을 찌푸리며 짜증이 묻은 목소리로 말했다.

"그래, 마녀 이모가 아니라 악질 이모겠지!"

엄마가 조심스럽게 끼어들며 말했다.

"안 읽고 가면 그냥 폐허 위에 서 있는 건물만 보고 온다잖아. 엄마 신혼여행으로 그곳에 갔을 때 책 안 읽고 가니까 뭐가 뭔지 잘 모르겠더라고. 다행히 아빠가 설명해 줘서 조금 눈을 떴지만……. 이모가 보통 이모가 아니잖니?"

금무 언니는 엄마 말에도 화가 가라앉지 않았는지 여전히 목소리에 짜증이 묻어 있었다.

"보통 이모가 아니니까 여행 내내 은무와 나를 잡을 거 아니야? 에이씨, 그냥 바닷가에 가서 쉬고 오는 건데……. 몰라, 몰라! 완전 악질 이모에게 된통 당했어."

"아니, 대한민국 최고의 대학에 들어간 학생이 고깟 책 열두 권 때문에 그렇게 엄살을 떠는 건 영 아닌 것 같다."

엄마 말에 언니는 다소 침착해졌다.

"엄마, 난 교과서와 참고서 문제집만 풀었지, 저런 인문서는 제대로 읽은 적이 없다고! 좋아, 문제집 푸는 것처럼 한번 도전해 보지. 만약 악질 이모가 로마에 대해서 나보다 모르면 따질 듯이 덤벼들 테니까."

하여튼 언니와 여행을 간다는 것은 처음 이모와 함께 피렌체로 여행을 떠났을 때처럼 낯설고 부담이 되었다. 게다가 금무 언니와 언니가 '악질 이모'라고 부르는 이모가 사사건건 부딪칠지도 모른다는 걱정 하나가 보태졌다.

"야, 짜무! 저것 봐!"

언니가 내 옆구리를 쿡 찌르는 통에 생각에서 깨어났다.

"으응?"

언니가 가리키는 쪽을 바라보니 불빛에 비친 큰 돌덩어리들이 장군처럼 서 있는 것이 보였다. 유적지처럼 보였지만 알 수가 없었다.

이모가 차 안에서 자고 있는 사람들을 생각해서인지 입술에 손가락을 대며 낮은 소리로 쉿 소리를 내며 속삭이듯 말했다.

"디오클레티아누스의 목욕장이야. 며칠 후에 갈 거야. 이제 테르미니 역에 다 왔다는 신호야."

나는 언니에게 귀엣말을 했다.

"부탁인데 짜무라고 부르지 말고 그냥 은무로 불러 줄래?"

언니가 눈을 동그랗게 뜨며 말했다.

"왜? 짜무가 귀여운데? 아니면 짠무라고 불러 줄까?"

와, 뭔가 이상하게 꼬이는 것 같다.

가슴속에서 불 같은 것이 불끈 솟구쳐 뭐라고 대꾸하려는데 기사 아저씨가 조용히 외쳤다.

"떼르미니, 떼르미니!"

테르미니 역

첫날부터 싸움

　차도에 깔린 정사각형의 작고 까만 돌이 빗물에 반사된 불빛으로 반들거렸다. 돌이 저렇게 예뻐 보이다니! 돌에 눈길을 주고 걷다 앞에서 오는 사람과 부딪힐 뻔했다.

　나는 아예 우산을 포기하고 가방을 쥔 손에 힘을 꽉 주며 이모를 바짝 따라갔다. 언니는 이리저리 눈길을 주기에 바빴다. 이모 역시 우산을 접은 채 눈으로 길을 찾고 있었다. 언니와 나는 이모 옆에 바짝 다가갔다.

　이모가 설명해 주는 목소리가 빗소리에 파묻혀 조용하게 들려왔다.

　"테르미니 역은 유리와 대리석을 사용한 로마 최대의 역으로, 무솔리니 시대 (1942년)에 건축이 시작되어 1950년에 완성되었대. 가만, 우리나라는 육이오 전쟁이 시작된 때네. 이 역은 로마에서 아주 보기 드문 현대 건축물 가운데 하나로 손꼽힌단다."

　나는 테르미니 역을 확인이라도 하듯 다시 쳐다보았다.

　이모가 싱긋 웃으며 말했다.

　"어차피 우리 숙소가 이 근처니까 오고 가며 늘 테르미니와 세르비우스 성벽을 만날 거야. 조금 전에 역 앞 광장 오른쪽 길에 약 100미터에 달하는 성벽이 늘어서 있는 것을 봤지? 그것이 바로 로마에서 가장 오래된 도시 성벽의 일부분이야. 이 성벽은 고대 로마의 제6대 왕 세르비우스 툴리우스 왕의 이름을 따서 세르비우스 성벽이라고 부르는데 로마의 일곱 언덕 주변을 모두 둘러쌌다지 뭐야."

나와 언니는 동시에 세르비우스 성벽으로 눈을 돌렸다. 피렌체가 다소곳하고 우아한 노부인의 모습이라면, 로마는 옛것과 현대가 어우러진 세련되면서도 현대 감각을 갖춘 멋쟁이 노신사의 모습이었다.

늦은 밤인데도 사람들의 발길이 끊이지 않았다. 전에 피렌체에서 이모를 잃어버린 적이 있었기에 주위를 두리번거리지 않고 이모 뒤를 바짝 따랐다. 언니가 걱정이 되었다. 언니는 아기처럼 주변의 모든 것들이 신기한지 자꾸 딴 곳으로 눈길을 주는 바람에 발걸음이 늦어졌다.

"언니, 빨랑 와!"

❶ 테르미니 역 앞 세르비우스 성벽 ❷ 로마의 일곱 언덕

언니 챙기랴, 가방 끌고 가랴, 이모 뒤를 따라가랴 정신이 없었다.

호텔은 역과 가까운 곳에 있었다. 호텔의 겉을 장식한 하얀 대리석이 불빛에 반짝였다. 이모가 호텔 입구에 서서 언니와 나를 기다렸다.

뒤를 돌아보았다. 언니가 안 보였다! 이럴 수가! 내가 피렌체에서 이모를 잃어버렸을 때와 똑같은 일이 벌어진 것이다. 이모의 얼굴이 일그러졌다. 언니가 안 보이는 것이 내 책임이라도 되는 것처럼 나는 이모의 표정을 살피며 자신 없는 목소리로 말했다.

"어, 조금 전까지 내 뒤를 따라왔는데……. 이모, 내가 찾으러 가 볼까?"

이모가 호텔 안에 있는 의자를 손으로 가리키며 말했다.

"너는 여기 있어. 바깥에 나가면 너까지 길을 잃을 수도 있어."

이모는 가방을 내게 맡겨 두고 서둘러 밖으로 나갔다.

한두 살 먹은 아기도 아니고 대학까지 들어갔으면 성인이니까 언니를 곧 찾을 수 있을 것이라고 생각하며 나는 까무룩 잠에 빠져들었다.

"야, 너 혼자 가 버리면 어떡해? 내가 없어졌는데 잠이 오냐?"

언니의 매운 소리에 후다닥 잠에서 깨어났다. 언니와 이모는 이미 한바탕 말다툼을 벌였는지 언니의 얼굴이 부루퉁하게 부어 있었다. 언니는 공연히 내게 화풀이를 해 댔다.

"언니가 아기야? 왜 한눈팔고 그래?"

까칠한 내 말에 언니의 얼굴이 완전 발개지더니 씩씩대며 말했다.

"야, 짜무, 쪼끄만 게 뭘 안다고? 언니한테 까불고 있어. 그리고 둘이서 나 혼내기로 약속했어? 왜 나만 갖고 그래?"

언니는 호텔 안에 사람이 있든 없든 신경도 안 쓰고 소리를 빼롱 질렀다. 마침 방 열쇠를 갖고 오던 이모가 언니를 향해 매운 인상을 썼다.

"아, 이 여행 어째 오고 싶지 않다 했더니……. 둘이서 한 팀이 되어 나를 따돌리는 것 같아."

언니는 완전 유치원 수준의 아이처럼 투정을 부렸다. 불안했다. 이번 여행 내내 언니가 나와 이모에게 까칠하게 대할 것 같은 예감에 나도 모르게 한숨을 쉬었다.

순간 '카르페 디엠'이라는 말이 떠올랐다. 나는 엘리베이터 안에서 언니를 향해 피식 웃으며 말했다.

"언니, 카르페 디엠."

언니가 나를 보며 짜증이 잔뜩 물려 있는 소리를 했다.

"야, 너 같으면 지금 이 순간을 즐기고 싶니? 카르페 디엠이 아니라 칼로 베임 같다. 짜무, 까불지 마! 쪼끄만 게."

나는 인상을 팍 썼다. 언니가 벌써 두 번이나 '짜무, 까불지 마, 쪼끄만 게'라는 말을 썼기 때문에.

언니 말에 나와 이모는 눈을 마주쳤다. 이모가 피식 웃었다.

이모의 웃음을 보더니 부루퉁하게 부어 있던 언니가 투정부리듯 말했다.

"이모오…… 지금 웃을 기분 아니거든."

그렇게 말하는 언니가 귀여워 보였다. 휴, 나보다 여섯 살이나 더 먹은 언니가 동생처럼 느껴질 정도였다.

그날 밤, 우리는 컵라면으로 대충 저녁을 때웠다.

언니는 컵라면을 먹으면서 계속 툴툴거렸다.

"아, 컵라면은 삼각 김밥과 먹어야 하는데……. 아쉽다."

언니는 치울 생각은커녕 침대에 벌렁 눕더니 소리쳤다.

"와, 이 침대 좋다. 나 이 침대에서 잘 거야. 졸립거든."

호텔 방에는 침대 두 개와 그 옆에 간이침대가 놓여 있었다. 이모가 방 한 개를 더 예약하는 것은 경제적으로 문제가 있다고 간이침대를 부탁해 놓은 것 같았다.

언니는 누워 있는 침대가 자신의 영토라도 되듯이 잠이 묻은 소리로 말했다.

"나 앞으로 이 침대 쓸 거야. 설마, 나에게 간이침대에서 자라는 것은 아니지?"

"셋이 돌아가면서 잘 거야. 그래야 공평하니까."

이모의 말에 언니는 인상을 팍팍 쓰며 말했다.

"이못, 난 간이침대에서 못 자! 고생하러 여행 온 거 아니야! 그동안 공부하느라 지친 몸과 마음을 쉬러 온 거니까 이번 여행에서 고생하고 싶지 않아. 난 보상받으러 여행 온 거라고!"

이모가 매운 소리를 했다.

"야, 김금무, 여행에서는 생각도 못 한 의외의 일과 고생을 만날 수 있는 거야. 그리고 공부하면서 너는 이미 많은 것을 깨닫고 얻었을 거 아니야. 그게 가장 큰 보상 아닐까? 고생하고 싶지 않으면 호텔 안에만 있든지 네 맘대로 해. 그러면 되겠네. 호텔 안에서 하루 종일 자고 텔레비전 보고 먹고 또 자면 보상받는 것이겠네."

언니가 뽀로통한 목소리로 금방 되받아쳤다.

"이모, 암튼 이모는 내가 하는 말이 다 못마땅한 거지? 어떻게 하루 종일 호텔 방 안에 처박혀 있어? 이모, 정말 엄마 동생 맞아? 그러니까 이모를 마녀 이모, 아니 악질 이모라고 하지!"

언니는 그 말을 하면서 도와달라는 눈빛으로 나를 쳐다보았다. 나는 아무 말도 하지 않고 내 짐을 정리했다.

여행 첫날 밤, 언니와 이모는 신경을 곤두세우며 한 발짝도 물러서지 않았다. 작년 가을, 이모와 피렌체 여행을 할 때 이모와 눈만 마주치면 소리를 지르며 싸웠던 내 모습을 떠올리며 나는 속으로 큭큭큭 웃었다. 언니의 모습에서 영락없이 내 모습을 봤기 때문에.

 책 속에 등장하는 로마 통치자 연표(괄호 안은 재위 기간)

왕정 시대

로물루스(BC 753-715) ── 누마 폼필리우스(BC 715-673) ── 타르퀴니우스 프리스쿠스(BC 616-578) ── 세르비우스 툴리우스(BC 578-534) ── 타르퀴니우스 수페르부스(BC 534-509)

공화정 시대

율리우스 카이사르, 폼페이, 크라수스 제1차 삼두 정치(BC 59-54) ── 안토니우스, 옥타비아누스, 레피두스의 제2차 삼두 정치(BC 43-36)

로마 제국 황제의 시대

아우구스투스(BC 27-AD 14) ── 티베리우스(14-37) ── 칼리굴라(37-41) ── 클라우디우스(41-54) ── 네로(54-68) ── 갈바(68-69) ── 오토(69) ── 비텔리우스(69) ── 베스파시아누스(69-79) ── 티투스(79-81) ── 도미티아누스(81-96) ── 네르바(96-98) ── 트라야누스(98-117) ── 하드리아누스(117-138) ── 안토니누스 피우스(138-161) ── 마르쿠스 아우렐리우스(161-180) ── 코모두스(180-192) ── 셉티미우스 세베루스(193-211) ── 카라칼라(211-217) ── 누메리아누스(283-284) ── 디오클레티아누스(284-305) ── 콘스탄티누스(306-337) ── 로물루스 아우구스툴루스(475-476)

콜로세움을 만나다

시차가 적응되지 않아 새벽 다섯 시에 잠에서 깼다. 이모도 일찍 일어났는지 화장실에서 나오는 불빛을 받으며 노트북에 뭔가를 쓰고 있었다. 언니는 잠에서 깨자마자 거울부터 찾았다.

"어제 먹은 컵라면 탓이야. 얼굴 완전 부었어. 짜증 나."

"언니 얼굴 안 부었거든."

내 말에 언니는 전신 거울에 자신의 얼굴을 비춰 보았다. 어째 이번 여행에 언니를 공주처럼 모시고 다니는 것은 아닐까 하는 걱정이 보태졌다.

샤워를 끝낸 이모가 머리에 남아 있는 물기를 수건으로 말리면서 말했다.

"서둘러. 오늘은 콜로세움, 팔라티노 언덕과 포룸 로마눔, 라르고 아르젠티나에 간다."

*&%$#@ 뭔 말인지 정신이 없었다. 이모는 일찍 잠에서 깬 후 우리가 갈 곳을 다시 한번 정리한 것이다.

언니가 인상을 쓰며 물었다.

"콜로세움, 팔라티노, 포룸 로마눔? 많이 걸어야 해?"

이모가 나갈 채비를 하며 말했다.

"가장 편한 신발 신고 오라고 했잖아. 아주 많이 걸을 거야."

"점심은?"

그 말은 내가 물어보고 싶었던 것인데 언니가 먼저 물었다.

"시간 되는 대로. 발길 닿는 대로."

이모가 짧게 말했다.

"으악!!"

언니의 외마디 외침이 호텔 방에 울려 퍼졌다.

언니는 느렸다. 성격이 급한 이모는 성큼성큼 호텔 로비를 나서고 있었다.

팽 토라진 언니를 토닥이며 이모를 따라 전철 입구로 갔다. 이모가 제일 먼저 한 것은 7일 동안 쓸 전철 티켓을 구입한 일이었다. 나는 가방을 메고 있는 손에 힘을 주었다. 이모가 한 말이 생각났기 때문에.

"로마는 피렌체와 달라. 이곳엔 곳곳마다 날치기와 좀도둑이 있다고 생각하면 돼. 특히 사람으로 붐비는 전철 안은 호시탐탐 소매치기들이 노리는 곳이니까 각자 조심해야 해."

로마 지하철 메트로 노선도

콜로세움

두 정거장을 지나자 콜로세움 역이었다. 콜로세움 역을 빠져나오자마자 제일 먼저 우리를 반긴 것은 화장기가 하나도 없는 콜로세움의 민낯이었다. 그림이나 사진에서나 봤던 콜로세움이 위풍당당한 장군처럼 우리를 반겨 주었다.

나는 얼른 눈으로 언니를 확인했다. 언니는 말로만 듣던 콜로세움이 눈앞에 나타나자 얼빠진 사람처럼 멍하니 서 있었다.

이모가 콜로세움 앞에 서서 말했다.

"역사 순서대로 하면 팔라티노 언덕이 먼저이지만 오늘은 콜로세움부터 보고 가도록 하자. 이렇게 멋진 모습의 콜로세움을 그냥 지나치면 아무래도 예의가 아닐 것 같아서. 콜로세움은 이탈리아 어로 바꾸어 '콜로세오'라고 하지만, 우리는 일반 사람들에게 친숙해진 콜로세움으로 부르도록 하자. 콜로세움은 로마의 제9대 황제인 베스파시아누스 때 착공되어 그의 아들들인 티투스, 도미티아누스 황제를 거쳐 완성되었어. 베스파시아누스는 원래 장군이었어. 비텔리우스 황제가 죽자 군대의 지지를 얻어 황제가 되었지. 그는 로마 시민들의 인심을 사기 위해

❶ 콜로세움 복도 ❷ 콜로세움 장식물

서 네로 황제의 황금 궁전에 있던 인공 호수터를 없애고 콜로세움을 세웠어. 콜로세움의 높이는 지금의 17~18층 아파트 높이인 49미터 정도였다고 해. 모든 벽은 아치로 되어 있는데 무려 240개의 아치가 있었대. 아치로 만든 것은 무게를 줄이기 위해서였지. 로마 인은 적은 벽돌로도 지붕의 무게를 견딜 수 있도록 벽을 아치형으로 만들었어. 그리고 콘크리트를 접착제처럼 사용해 건축 자재를 단단히 고정했지. 로마 콘크리트의 비밀은 석회석을 넣어 가공하는 것으로, 2000년 동안 물속에 잠겨 있어도 문제가 없을 만큼 견고했대. 외벽은 대리석으로, 1층은 도리아식, 2층은 이오니아식, 3층은 코린트식으로 장식했고, 무려 5만 명의 사람들이 볼 수 있는 관중석이 있었대. 관중석은 37도의 경사도가 있어서 누구나 앞 사람의 방해를 받지 않고 경기장을 볼 수 있었다고 하네."

언니가 불쑥 끼어들었다.

"이모, 그다음은 내가 말할게. 이모가 읽으라고 한 책, 시험공부하는 것처럼 읽었거든."

"그래! 우선 입장권을 산 후, 네가 설명해 보렴."

우리는 콜로세움과 팔라티노 언덕,

도리아식   이오니아식   코린트식

포룸 로마눔을 볼 수 있는 통합 입장권을 샀다.

콜로세움 안에 들어서자 밖에서는 볼 수 없었던 경기장 안의 모습이 한눈에 들어왔다. 나는 언니에게 눈길을 줬다. 어서 설명해 보라는 뜻으로. 언니는 스마트폰으로 경기장 사진을 찍은 후에 목소리를 가다듬고 말을 시작했다.

"흠흠, 콜로세움은 모두 4층으로 되어 있어. 앞좌석은 원로원이 앉았고, 그다음 대리석 의자엔 기사가 앉았고, 3층은 평민이 앉았어. 그 당시 기사는 주로 상업에만 종사하는 사람들을 말했어. 맨 위쪽은 나무 의자로, 여자와 시민권이 없는 사람들 자리였지. 자리는 돈으로 샀는데 맨 위쪽은 돈을 받지 않았대. 그러니까 콜로세움에 들어오면 로마 사회의 축소판을 본다고 하면 맞을 것 같아. 모든 신분의 사람들을 한꺼번에 볼 수 있었으니까 말이야."

언니는 자신의 설명에 스스로 만족한 눈치였다.

콜로세움 내부

❶ 쇠를 빼 가 생긴 구멍들 ❷ 출입구 로마 글자

"흠흠, 출입구의 아치와 아치 사이에는 로마 글자로 LIII 같은 글자가 쓰여 있는데 출입구 번호야. 생각해 봐. 사람들이 한꺼번에 몰리면 다칠 위험도 있었겠지. 그런 위험을 없애기 위해서 출입구를 분류한 덕에 사람들이 한꺼번에 몰려도 30분이면 빠져나갈 수 있었대. 어때? 고대 로마 인의 지혜가 대단하지 않니?"

언니는 손에 든 수첩에 흘끔 눈길을 주었다. 아마 자신이 말한 것이 맞는지 확인하는 것 같았다.

"공사 기간은 8년이 걸렸대. 이 어마어마한 콜로세움을 세울 수 있었던 것은 조직력과 기술력, 노동력이 뒷받침해 주었기 때문에 가능한 일이었대. 노동력은 베스파시아누스의 아들인 티투스가 유대를 정복하면서 강제로 데려온 유대 인들이 있었기 때문이야. 즉, 3만 명의 노예가 현장에 투입되었지. 콜로세움이라는 이름은 30미터나 되는 네로 황제의 조각상인

'콜로수스'에서 따왔다는 설이 있어. 콜로수스는 '거대한 조각상'이라는 뜻이야. 콜로세움 개장 행사에서는 무려 500마리의 맹수와 그에 맞먹는 사람들이 목숨을 잃었다고 하네. 며칠씩 굶긴 맹수와 맨손의 검투사들이 싸웠는데 굶주린 맹수들은 먹잇감에 대한 생각으로 침을 흘리지 않았을까? 아구, 무서워라! 나 피를 무서워하는데……. 검투사들은 죽을 때까지 싸웠다는데 너무 잔인한 것 아니야?"

나는 언니의 설명에 입을 쩍 벌리고 들었다. 이모 역시 감탄하는 눈빛이었다.

언니가 놀란 눈으로 자신을 바라보는 이모와 나를 보더니, 뭐 이런 일쯤에 놀라느냐는 듯 두 손을 벌리고 어깨를 으쓱하더니 다시 말을 이었다.

"해전 장면을 연출할 때는 원형 무대에 물을 채우기도 했대. 콜로세움은 608년까지는 경기장으로 사용되었지만 중세에는 군사적 요새로 이용되었어. 그러다 콜로세움이 엄청난 지진으로 무너지자 성당과 집을 짓기 위해 채석장으로 사용하기도 하고 한때 가축을 키우는 곳으로 사용되기도 했대. 여기저기 생긴 작은 구멍들은 쇠를 빼간 흔적이라는데 너무 무식한 짓 이냐?"

언니는 침이 튀어나올 정도로 큰 소리로 말했다. 마치 내가 콜로세움에 있던 자재를 빼 간 사람인 양 나를 노려보기까지 했다. 나는 언니에게 손사래를 치며 말했다.

"언니, 내가 안 그랬어. 두 눈 부릅뜨고 쳐다보지 마."

순간 언니가 까르르 웃음을 터트리며 말했다.

"짜무, 너 너무 순진한 것 아냐?"

그러더니 언니는 내 머리카락을 잡아당겼다. 언니의 손가락에 힘의 무게가 들어가 있지 않아 그냥 참기로 했다. 언니는 이모를 쳐다보며 말했다.

"이모, 내가 계속 말해도 돼?"

이모는 흐뭇한 웃음을 지으며 고개를 끄덕였다.

"어, 이모, 지금 웃는 거야? 정말 웃었네! 나 이모가 그렇게 크게 웃는 것 처음 보는 것 같은데……. 암튼 내 설명에 만족한다는 뜻으로 받아들일게. 후훗, 왠지 기분 좋네. 짜무, 잘 들어. 넌 운이 좋다. 언니에게 수준 높은 설명도 듣고."

나는 언니가 밉지 않았다. 도리어 귀여웠다. 언니에게 어서 하라는 뜻으로 손바닥을 언니를 향해 밀었다.

"81년, 황제가 된 티투스의 동생, 도미티아누스는 4층을 올리고 지하 시설을 만들어 콜로세움을 완성했지. 지하에는 우리에 갇힌 야수와 처형을 기다리는 죄수, 검투사가 경기를 기다리고 있었어. 그런데 놀라운 것은 맹수들은 엘리베이터를 타고 위로 올라왔다는 거야. 도르래와 기중기를 이용해서 동물들을 위로 끌어올린 거지. 지하에는 모두 28개의 승강기가 있어서 무대 장치와 동물들을 무대 위로 올렸대. 지상과 지하는 나무판으로 나누고 위에는 모래를 뿌렸어. 보이지? 모래판, 그것을 '아레나'라고 했어. 우아! 사실 나도 사진으로만 봤지 눈으론 처음 보네. 이모, 맞지?"

잠깐이지만 수영을 했을 때 입었던 수영복의 상표가 '아레나'였다. 그런데 수영

둥근 모래판, 아레나

복과 모래판의 아레나가 무슨 연관이 있지? 아레나는 '모래판 경기장'이라는 뜻이라는데 수영복을 입고 경기를 잘하라는 뜻으로 그렇게 붙인 것일까? 하여튼 고대 로마에서 사용하던 말을 상표로 붙인 것을 보면 우리 생활 속에 고대 로마가 깊숙이 스며 있다는 뜻이 아닐까?

언니는 흐뭇한 웃음을 지으며 나와 이모를 자신 있게 바라보았다. 나는 힘차게 박수를 쳤다. 그러곤 엄지손가락을 세우며 말했다.

"와, 역시 우리 언니 다르다! 한국 최고 대학의 대학생답네. 이기심만 없다면 언니 최고다!"

언니가 내 뺨을 꼬집긴 했어도 칭찬이 듣기 좋았는지 얼굴에 웃음이 가득했다.

잠자코 듣고 있던 이모가 말을 이었다.

"그래, 금무가 참 열심히 공부했다는 것을 증명해 보였어. 어때? 열심히 준비하고 콜로세움을 만나니까 마치 오래 전부터 알아 왔던 친구를 만나는 것처럼 친근하게 느껴지지 않니? 뿐만 아니라 속내까지 이해할 수 있는 관계가 된 것 같고."

이모 말에 언니는 기분이 좋은지 함박 웃었다.

"금무, 더 설명할 것 있니?"

이모의 말에 금무 언니는 주머니를 터는 흉내를 내면서 말했다.

"내가 아는 것 거의 다 말했어."

이모가 싱긋 웃으며 말했다.

"우리 은무에게도 기회를 줄게. 은무 역시 금무 못지않게 준비를 완벽하게 했을 걸."

이모 말이 맞다! 나도 열심히 책을 읽었다. 책을 읽지 않으면 깐깐한 이모에게 어떤 통박을 받을지 모르니까. 더구나 이번 여행은 이모가 나를 강력하게 추천해서 온 여행이라 이모를 실망시키지 않으려고 나름 열심히 준비했다.

나는 은근히 수줍었다. 이모와 함께 피렌체에 갔을 때 이모 앞에서 설명했던 경험이 있어 부끄럽진 않았지만 언니 앞에서는 처음이라 공연히 신경이 쓰였기 때

콜로세움 검투 경기. 나무 기둥 위 천을 씌운 부분이 벨라리움이다. (1859년, 장 레옹 제롬 그림)

문에.

"아아, 목소리 가다듬고. 흠흠, 콜로세움에 대해 마무리할게. 콜로세움 꼭대기는 나무 기둥을 박아 놓은 벨라리움이라는 천장을 씌웠는데 강한 햇빛을 막는 우산 같은 역할을 했대. 아구, 벨라리움을 외우느라 '벨라네'라는 말을 떠올리며 열심히 외웠어. 알아주세요! 킥킥, 다시 이어서 말할게. 아치에는 조각품들을 장식했는데 네로의 황금 궁전에 있던 조각품들을 가져와 장식한 것이었대. 네로를 장식한 동상을 콜로수스라고 부르는데, 거기서 이름을 따와 콜로세움이라고 불렀다는 이야기가 있다는 건 아까 금무 언니가 말한 것을 다시 한 번 말했네. 아구, 이해해 주세용. 이모, 여기까지만 말할게. 금무 언니가 내가 말한 것 중에서 틀린 데가 없는지 눈을 짯짯이 뜨고 보니까 생각이 다 헝클어져 버렸어. 아, 몰라, 몰라!"

금무 언니가 나를 보더니 밉지 않게 눈을 흘기며 말했다.

"어쭈, 짜무, 대단한 실력이야. 초딩 졸업생이 대학생과 맞먹네. 이모, 끝마무리

해 주세용."

언니는 어리광까지 부렸다.

이모 얼굴에 웃음이 떠나지 않았다. 아주 기분이 좋아 보였다. 콜로세움 덕분에 우리 셋은 모처럼 마음이 하나가 된 것이다. 이모는 아주 잔잔한 목소리로 끝마무리를 했다.

"콜로세움은 귀족들이 헌납한 돈과 전쟁에서 이겨 가져온 전리품으로 세울 수 있었대. 티투스가 70년에 예루살렘을 함락했던 일을 칭송하고자 세운 티투스 개선문을 보면 성전에 있던 탁자, 나팔, 일곱 갈래 촛대가 새겨져 있는데, 그런 보물들을 실은 수레가 끝이 없었다지 뭐야!"

가만, 이모가 다정한 말투인 '뭐야'라는 말을 썼다. 그 말투는 이모가 친해졌을 때 쓰는 말투인데…….

이모는 나를 살짝 흘겨보며 말을 계속했다.

"79년에 티투스는 콜로세움이 완성된 기념으로 100일 동안 축제를 벌였단다. 100일 동안 벌어진 축제에서 검투 경기가 제일 하이라이트였지. 그곳은 바로 민중의 소리를 직접 들을 수 있는 곳이기도 했고 시민을 직접 만날 수 있는 곳이었지. 티투스는 유대 왕 아그리파 1세의 딸인 베레니케 공주와 사랑에 빠진 적이 있었어. 하지만 로마 제국의 시민들이 그녀와의 결혼을 반대했지 뭐야! 티투스는 베레니케 공주를 단념하고 그 후부터는 독신으로 살았대. 물론 그 전에 두 번 결혼한 적이 있었지만 말이야. 아마 로마 시민들은 100년 전 로마 인을 배반하고 이집트의 클레오파트라와 결혼했던 안토니우스를 떠올려 결혼을 반대했던 것 같아."

아, 슬픈 사랑! 유대 인들에겐 티투스가 나쁜 사람이지만 한 여자만을 사랑했던 티투스에게 약간의 동정심이 갔다.

'사랑'이라는 단어를 떠올리니까 갑자기 신성호 작가가 떠올랐다. 그러고 보니 이모의 얼굴이 약간 어두워 보였다. 물론 잠깐 웃기는 했지만 웃음 뒤에 쓸쓸함이 묻어나는 것은 감출 수 없었다. 맞다! 어쩌면 이모는 신성호 작가를 그리워하는지 모른다. 사랑앓이를 하는 걸까? 이모의 속을 알 수 없으니 물어볼 수도 없고……. 나는 혹시 로마에서 기적적으로 신성호 작가의 모습을 볼 수도 있을지 모른다는 생각으로 콜로세움 안을 찬찬히 훑어보았다.

그때 이모의 매운 소리가 날아왔다.

"짜무, 뭔 생각을 하고 있어? 중요한 설명하는데."

"아, 이모, 나 지금 아주 중요한 생각을 하고 있단 말이야. 아까 신성호 작가와 비슷한 사람이 지나간 것 같기도 하고……."

갑자기 이모의 눈이 커다래지더니 주변을 두리번거렸다.

언니가 외쳤다.

"뭐야? 신성호 작가가 누군데? 둘만 아는 비밀이야?"

언니가 나와 이모를 의심이 가득한 눈초리로 바라보았다.

이모는 내 머리를 손으로 흩뜨리며 익살스럽게 말했다.

"역사의 중요한 무대인 콜로세움까지 왔으니 역사에만 신경 쓰셔요, 조카님."

우아! 이모가 나를 '조카님'이라고 부르다니. 이모가 나와 아주 친숙하다는 표시였다. 이모는 다시 말을 이었다. 하지만 우리의 얼굴을 보는 것이 아니라 콜로세움 안을 찬찬히 둘러보고 있었다. 이모는 마음을 추스르는지 조용한 목소리로 말했다.

"로마를 사랑했던 작가, 괴테는 콜로세움이 매일매일 크고 있다고 했어. 콜로세움은 어디서나 우리 뒤를 쫓고 있단다. 나도 처음 얼굴을 맞대고 봤을 때는 '애걔, 생각보다 크지 않네!'라고 생각했지만 로마 어디를 가든 콜로세움이 보이더라고. 괴테는 로마를 볼 때 육체의 눈이 아니라 마음의 눈으로 봐야 한다고 했어. 아마 콜로세움은 우리가 로마를 여행하는 내내 우리를 지켜볼 거야. 로마 시내를 돌아다니다 문득 돌아서면 콜로세움이 우뚝 눈을 부라리며 바라보고 있을 거야. 그래서 괴테는 콜로세움이 매일매일 자라고 있다고 했는지 몰라. 아, 그리고 콜로세움을 모방한 건축은 세계 곳곳에서 그 흔적을 찾을 수 있단다. 상암동 월드컵 경기장이나 축구 경기장 등등 지금도 현재 진행형으로 고대 로마의 콜로세움은 이어지고 있지."

이모는 누군가를 찾는 듯한 눈빛으로 다시 콜로세움 안을 둘러보더니 우리를 향해 말했다.

"자, 한 바퀴 둘러보고 나가도록 하자."

실망한 빛이 역력했다.

나는 공연히 신성호 작가의 이야기를 꺼낸 것 같아 스스로를 나무랐다. '아구, 눈치도 없는 김은무.' 하지만 기적처럼 신성호 작가가 올지도 모른다. 이모와 신성호 작가가 하늘이 맺어 준 인연이라면.

콜로세움(Colosseum, Colosseo)

- Piazza del Colosseo, 1, 00184, Roma
- 지하철 메트로 B선 콜로세오(Colosseo) 역에서 도보 약 1분
- 39-06-39967700
- 여름 9:00~17:00, 겨울 9:00~19:30 (휴무) 1/1, 5/1, 12/25
  ※ 사정에 따라 관람 시간과 휴무가 바뀌니 주의!
- 17세 이하 무료, 성인 12유로(콜로세움, 포룸 로마눔, 팔라티노 언덕, 통합 티켓, 2일 동안 한 번씩 방문 가능)

 # 콘스탄티누스 대제처럼 잘생긴 개선문

콜로세움에서 나오자마자 빗방울이 투투툭 떨어졌다. 눈 대신 비라니. 다행히 우산을 준비했지만 우산을 쓰고 걷는 여행은 거추장스럽다. 배낭에다 우산까지 들고 걸어야 하니. 다행히 비는 세차게 오지 않았다. 진한 회색빛 구름 사이로 간간이 맑은 하늘의 얼굴이 보였다. 이모 말대로 여행에서는 의외의 일을 만나는 일이 있다는 말을 새겨 두었다. 게다가 로마의 겨울엔 비가 오는 날이 많다고 하니까.

콘스탄티누스 대제의 얼굴

팔라티노 언덕으로 가는 길에는 콘스탄티누스 대제의 개선문이 보란 듯이 서 있었다. 그 문이 콘스탄티누스 대제의 개선문인지 몰랐다. 그냥 콜로세움 옆에 서 있는 로마의 유적이라고만 생각했다. 이모가 말해 주지 않았다면 그냥 지나칠 뻔했다. 우아! 그러니까 유적에 대한 지식이 없으면 유적은 내게 그냥 돌덩이로만 보일 뿐이었다.

"저 콘스탄티누스 개선문 잘생기지 않았니? 혹시 콘스탄티누스 대제에 대해서 알고 있니?"

콜로세움 옆 콘스탄티누스 대제의 개선문

와, 이모 역시 나처럼 콘스탄티누스 대제의 개선문에 대해 '잘생겼다'는 표현을 썼다. 이모와 내가 보는 느낌이 어느새 닮아 있는 것일까? 이모가 묻는 말에 내가 먼저 반응했다.

"응. 313년에 로마 인들에게 기독교를 믿어도 된다는 밀라노 칙령을 선포한 왕이지? 그 전에 로마 왕들은 기독교를 믿는 사람들을 박해했잖아."

금무 언니가 끼어들었다.

"어쭈, 짜무, 제법인데. 쪼끄만 게. 맞아. 콘스탄티누스는 눈이 엄청 큰 왕이더라고. 고백하는데 이번 여행 아니면 그를 모르고 그냥 지나칠 뻔했어."

언니는 이기적이기는 해도 솔직한 면도 있었다.

이모의 말이 이어졌다.

"하지만 콘스탄티누스가 황제가 되기 전, 디오클레티아누스 왕 때는 기독교를 엄청 박해했어. 너희 기억나니? 로마에 도착해서 테르미니 역으로 올 때 큰 돌덩이를 보고 무엇인가 궁금하게 생각했잖아. 그게 디오클레티아누스의 목욕장이었던 곳이라고 내가 말했던 것?"

언니와 나는 동시에 머리를 끄덕였다.

"디오클레티아누스 왕은 로마에 사두 체제를 만든 왕이야. 즉, 로마의 영토가 너무 넓기 때문에 4등분해서 다스리게 한 것이지. 그는 황제의 임기를 20년으로 못 박았어. 자신은 동부를 맡아 통치하고 서부는 같은 고향 출신인 막시미아누스 장군을 황제로 세웠어. 그는 황제가 죽거나 퇴위할 때를 대비해서 갈레리우스를 부황제로 지명해 두었고, 막시미아누스는 콘스탄티누스의 아버지를 부황제로 지명해 두었지. 이렇게 해서 실제로는 네 명이 로마 제국을 분할 통치하는 사두 체제가 성립된 것이란다. 콘스탄티누스는 아버지와 함께 전투에 참가하면서 군대의 신임을 얻었지. 그러다가 아버지가 갑작스럽게 병으로 죽자 군인들은 콘스탄티누스를 황제로 세웠어. 후에 막시미아누스의 아들인 막센티우스와 콘스탄티누스는 서로 적이 되어 312년에 대결하게 되었지 뭐야."

갑자기 언니가 끼어들었다.

"이모, '뭐야'라는 말 불편해. 그 말은 초등학생한테나 어울릴 말인데……. 난 대학생이야. 우리나라 최고의 대학에 들어간 대학생이라고."

뒷말은 안 해도 될 뻔했다. 언니는 순진한 면은 있지만 자신이 최고의 대학에 들어간 대학생이라는 말에 너무나 힘을 주어 말해 잘난 척하는 것처럼 느껴졌다.

이모가 푸하하 웃으며 말했다.

"그럼 최고의 대학에 들어간 대학생님께서 설명을 이어가시든지."

정말 이모가 달라졌다.

언니는 스마트폰으로 개선문을 찍으면서 말했다.

"에이, 지금은 이모가 설명해 주고 팔라티노 언덕에서 로물루스와 레무스에 대해 내가 말하고 싶어. 그 부분 정말 열심히 읽었거든."

"312년, 콘스탄티누스는 막센티우스 군대의 4분지 1밖에 되지 않는 4만 명의 군대를 이끌고 막센티우스와 마지막 전쟁을 벌이기 위해 로마로 내려오고 있었어. 그런데 대낮에 갑자기 하늘에서 십자가와 함께 '이 표상으로 이기리라'라는 문구를 보았대. 그래서 그것을 하나님의 계시로 받아들이고 그리스도를 상징하는 표상을 그린 군기를 앞세우고 진군했어. 막센티우스는 패배하여 도망치다가 밀비우스 다리가 있는 곳에서 테베레 강에 떨어지고 말았지 뭐야!"

이모는 자기도 모르게 '뭐야'라는 말을 쓰곤 멋쩍은지 금무 언니 얼굴을 보며 배시시 웃었다. 금무 언니가 이해해 준다는 뜻으로 눈을 지그시 감고 고개를 끄덕였다.

"암튼 막센티우스는 무거운 갑옷을 입었기 때문에 그의 시체를 찾기 힘들었지. 이 전투를 보통 밀비우스 다리 전투라고 해. 그 일 이후, 콘스탄티누스는 로마의 황제가 되었어. 기독교 박해는 디오클레티아누스 왕 때 절정을 이루었다가 콘스탄티누스 대제 때인 313년부터 로마 제국에서 합법적인 종교가 되었어. 콘스탄티누스 대제는 로마 제국의 일인자가 되어 새로운 왕조를 세울 야망을 품고 있었지. 우리나라에도 이와 비슷한 시기에 불교를 받아들인 왕이 있었던 것 같아."

나는 이모 말에 눈빛을 빛내며 끼어들었다.

"맞아, 이모! 고구려는 372년 소수림왕 때 불교가 들어왔고, 백제는 384년 침류왕 때 들어왔어. 신라는 비교적 늦은 527년 법흥왕 때 불교를 받아들였어. 이렇게 불교를 통해서 백성들의 마음을 하나로 뭉쳐 '왕이 곧 부처'라고 생각하게 했는데 불교로 왕의 권위를 신성하게 만들고 싶었기 때문이야. 고구려와 백제는 콘스탄티누스와 비슷한 시대에 불교를 받아

콘스탄티누스 대제의 개선문에 있는 원로원의 글

들였어. 하지만 신라는 귀족들의 반대로 불교를 받아들이지 못하다가 법흥왕 때 이차돈의 순교로 불교를 받아들이게 된 것이지."

언니의 눈썹이 쨰긋 위로 올라갔다.

"어쭈, 짜무, 쪼끄만 게 한국사까지 꿰고 있고. 대단한데?"

언니는 정말 내 말에 감탄을 한 눈치였다.

이모가 흐뭇하게 웃더니 말을 계속했다.

"여하튼 우리 짜무의 한국사 실력은 종횡무진이야. 이 개선문에는 '로마의 원로원과 시민은 승리의 표시로 이 개선문을 바친다'라는 글이 쓰여 있단다. 파리에 있는 개선문이 이 문을 모델로 해서 지어졌다고 해."

나는 이모를 향해 엄지손가락을 추켜올리며 환호성을 쳤다.

"와! 이모, 대단해!!"

우리는 개선문을 뒤로하고 팔라티노 언덕으로 향했다.

순간 언니가 큰 소리를 질렀다.

"이모, 개선문 바로 맞은편이 포룸 로마눔 아니야? 바로 앞에 얼굴을 디밀고 있는데 거기부터 가면 안 되는 이유 있어? 난 항상 포룸 로마눔이 궁금했거든. 늘 사진 속에서만 봤는데 먼저 가 보자고."

이모가 잠깐 걸음을 멈추더니 타이르듯 언니에게 말했다.

"물론 그곳에 갈 거야. 팔라티노 언덕에 먼저 들른 후에. 어차피 팔라티노 언덕에서 포룸 로마눔으로 가는 길이 연결되어 있어. 역사 순서로 가는 것이 좋을 것 같다고 아까 말했잖아."

이모 말에 언니는 곰곰 생각을 하더니 고개를 끄덕였다.

"알았어. 좋아. 이모 말대로 할게. 어째 이모 뒤만 졸졸 따라다니는 일이 유치원생 같다는 생각이 들기도 하네."

팔라티노 언덕을 올라가는 길에 몇몇 젊은 사람들의 모습이 눈에 띄었다. 그들 사이에서 간간이 한국말이 귀에 잡혔다.

갑자기 언니가 큰 소리로 외쳤다.

"어맛! 진영아!"

이모와 나는 걸음을 우뚝 멈추었다. 상대방도 언니의 외침에 눈을 커다랗게 뜨고 외쳤다.

"어머머……! 금무야!"

둘은 아예 얼싸안고 펄쩍펄쩍 뛰었다.

"너, 여기 웬일이니?"

언니의 말에 언니 친구도 같은 질문을 했다.

진영, 진영……. 곰곰 생각해 보니 귀에 익은 이름이다. 아, 언니의 초등학교, 중학교 때 친구의 이름이다.

진영 언니 옆에는 친구로 보이는 언니가 쑥스러운 웃음을 지으며 서 있었다.

"으훗, 금무, 축하해! 너 좋은 대학 갔더라! 역시 달라."

진영 언니는 눈길을 내게 주더니 의미 있는 웃음을 지었다.

"너, 혹시 은무?"

나는 멋쩍게 손을 흔들었다.

"와! 많이 컸네. 내가 중학교 1학년 때 너 초등학교 1학년이었는데……."

나는 마지못해 고개를 끄덕였다. 나이 차이가 많다는 것을 꼭 그런 식으로 표현해야 하나 하는 떨떠름한 기분이 들었기 때문에.

"암튼, 너무 반갑다."

진영 언니는 이모 쪽으로 눈길을 주더니 궁금한 눈빛으로 언니를 쳐다봤다.
언니가 이모를 소개하며 말했다.

"우리 이모야!"

진영 언니는 얼른 인사를 하며 감탄하는 목소리로 말했다.

"와, 금무 이모님, 넘 예쁘세요!"

이모가 피식 웃으며 진영 언니의 얼굴을 사랑스럽게 바라보았다.

"이모, 먼저 가면 안 될까? 나는 진영이와 잠깐 이야기를 나누고 갈게."

이모와 나는 팔라티노 언덕 정상에서 'Casa di Romolo(로물루스의 집)'이라고 적혀 있는 팻말이 붙은 왼쪽 길로 들어섰다. 나는 언니가 걱정이 되어 자꾸 뒤돌아보았다. 대학생으로 보이는 한국 학생들이 하나둘 짝을 이루어 온 모습이 눈에 많이 띄었다.

이모와 나는 잠깐 바위에 앉아 다리쉼을 했다.

언니가 우리를 향해 터덜터덜 걸어왔다. 언니의 얼굴이 아주 어두워 보였다.

나는 언니의 눈치를 살피며 물었다.

"진영 언니는 언제 왔대?"

언니는 내가 묻는 말에 엉뚱한 대답을 했다.

"친구랑 둘이 왔대."

"와! 용감하다. 단 둘이? 배낭여행 온 거야?"

내가 묻는 말에 언니는 귀찮다는 듯 짜증을 내며 말했다.

"그래. 짜무, 짜증 나니까 묻지 마!"

언니는 그렇게 말하곤 생각에 깊이 잠긴 얼굴이었다.

나는 혼자서 툴툴거렸다.

"치, 괜히 짜증이야."

언니는 나를 한번 째려보다 혼잣말을 하더니 다시 시무룩해졌다.

"뭐야, 걔네들에게 난 마마걸처럼 보였을 거 아냐……."

알 수 없었다. 사춘기를 앓는 사람이 내가 아니라 언니로 보였다.

팔라티노 언덕에 있는 로물루스의 집터 앞에 우리 셋은 섰다.

이모가 언니를 향해 말했다.

"금무, 로물루스에 대해 설명한다고 했지? 설명 좀 해 보렴."

그때였다. 언니가 화를 버럭 냈다.

"이못, 나 지금 설명할 기분 아니야. 이모가 짜무에게 설명해 줘. 나 먼저 저쪽에 가 있을게. 혹시 나 없으면 숙소로 바로 간 걸로 알면 돼."

그 말을 하곤 언니는 뒤돌아섰다.

"어, 언니? 어디 가려고? 그러다 잃어버리면……."

내 말이 끝나기도 전에 언니가 뒤를 향해 소리쳤다.

"야, 짜무! 내가 어린애인 줄 아니? 쪼끄만 게 아무것도 모르면서! 나 대학생이야! 대학생이라고!"

이모와 나는 그 자리에 얼어붙어 서로의 얼굴을 마주 보며 이해할 수 없다는 동작으로 어깨를 들썩거리며 두 손을 펼쳐 보였다.

잠시 후, 이모가 내 등을 토닥거렸다.

"그래, 네 언니는 대학생이지……. 내버려 두자."

마음에 휘리릭 찬바람이 휩쓸고 지나갔다. 마치 언니를 영영 못 볼 것 같아 나는 언니의 뒷모습을 보고 또 보았다.

언니가 떠난 팔라티노 언덕에서 로물루스를 만나다

이모가 물었다.

"짜무, 이 터에서 느끼는 것 없니?"

나는 언니가 사라진 언덕에서 혹시 언니의 모습을 볼 수 있을까 싶어 계속 눈길을 주다 이모의 말에 화들짝 놀라 로물루스의 집터로 눈길을 돌렸다.

로물루스의 집터는 생각보다 허술했다. 적어도 로마를 세운 사람의 집터라 굉장할 것이라고 생각했다. 하지만 네모난 돌들만 몇 개 쌓여 있고 흙바닥에는 잡초가 성기게 자라고 있을 뿐이었다.

"이모, 생각보다 허술해."

나는 인상을 쓰며 말했다. 그건 어쩌면 이모에게 쓰는 인상인지도 모른다. 조카가 떠났는데도 꿈쩍도 않고 역사에만 몰두하는 것이 인정머리라고는 손톱만큼도 없어 보였기 때문이다. 뭐라고 이모가 말을 하는 것 같은데 나는 언니가 사라진 언덕으로만 눈길을 주었다.

"짜무야, 네 언니는 이제 대학생이야. 바람처럼 자유로워지고 싶은 나이야."

"아, 이모……. 하지만 길을 잃을 수도 있고, 혹시 나쁜 사람에게……."

갑자기 이모가 빵빵한 풍선이 터지면서 내는 웃음을 뿜어냈다.

로물루스의 집터

"이런, 우리 짜무! 너야말로 카르페 디엠하렴. 금무는 공부로 잘 단련된 사람이야. 오랜 시간 교과서와 문제집과 씨름하면서 나름 내공이 쌓인 사람이야. 판단을 잘못하는 일은 없을 거야. 기다려 보자."

나는 기다렸다는 듯 얼른 말을 했다.

"이모, 내가 걱정하는 것이 바로 그거야. 언니는 학교, 학원, 집만 오가면서 공부만 했기 때문에 세상을 모른단 말이야. 엄마가 이번 여행 떠날 때 '어쩌면 금무보다 은무, 네가 피렌체를 다녀왔기 때문에 세상을 더 잘 알 것'이라고 말했어. 내가 언니와 함께 떠나서 엄마 마음이 든든하다고까지 말했다고."

이모가 혀를 차며 말했다.

"쯧쯧, 언니가 괜한 걱정을 한 것 같구나. 우리 짜무가 잊지 말아야 할 것은 언니는 투표권을 행사할 수 있는 성인이 되었다는 것이고, 우리 짜무는 조금 더 자라야 한다는 거야. 짜무가 잘 자라기 위해서는 여러 가지 것들이 필요하지. 그중

하나가 세상을 넓게 보는 것과 고대 로마의 정신인 똘레랑스, 즉 관용 정신을 배우는 것인데 지금 우리는 그 일을 하고 있는 거야. 자, 우리는 우리의 시간을 즐기자. 네 언니는 사막에서도 견딜 수 있을 거야."

이모의 뒷말이 큰 힘이 되어 주었다. 그런데 이모는 말하면서 내게 '우리 짜무'라는 말을 몇 번이나 했다. 그 말을 듣는데 가슴이 따스해지면서 목구멍에서 뜨거운 것이 올라오는 것 같았다.

이모가 나지막이 말했다.

"로마의 이름은 쌍둥이 형제, 로물루스와 레무스 중 로물루스에서 시작되었어. 둘은 태어나자마자 버려지게 되었지. 엄마는 레아 실비아라는 여 사제였고 아버지는 전쟁의 신 마르스였는데, 쌍둥이 아기는 바구니에 담겨 테베레 강에 버려졌어. 그런데 이 쌍둥이를 키운 것이 누구인지 아니?"

이모가 싱긋 웃으며 묻는 말에 나는 머뭇거림 없이 자신 있게 말했다.

"암 늑대."

로마 곳곳에 있는 기념품 가게에서 쌍둥이 남자 아기가 늑대의 젖을 빠는 모습의 조각을 몇 번 봐서, 어떨 땐 내가 혹시 늑대의 젖을 먹고 큰 것은 아닐까라는 상상을 해 본 적도 있다. 심지어 젖의 맛이 어땠을까? 비리지는 않았을까, 라고 생각했으니 내 친구 우륜이 말처럼 나에게 유별난 구석이 있기는 한 것 같다.

❶ 카피톨리노 광장의 로물루스와 레무스 조각상 ❷ 카피톨리노 박물관의 늑대의 젖을 빨고 있는 로물루스와 레무스 조각상

루벤스의 「로물루스와 레무스」(1615~1616년)

"쌍둥이 로물루스와 레무스는 양치기에게 발견되어 키워졌어. 훗날 둘은 자신들의 출생의 비밀을 알게 되자 자신들을 버리게 한 삼촌을 처벌하고 각각의 도시를 세우기로 해. 동생인 레무스는 아벤티노 언덕에 도시를 세우고 싶어 했고, 로물루스는 팔라티노 언덕에 도시를 세우기로 했어. 결국 동생 레무스가 형의 성역을 침범해서 로물루스는 동생을 죽이고 말아. 로물루스가 로마를 세운 것은 기원전 753년이지. 지금 우리가 보고 있는 이 터가 로물루스의 집터야. 그런데 과학적으로 분석한 결과, 기원전 8세기 중반 무렵에 이곳에 조그마한 마을이 형성되어 있었다는 사실이 밝혀졌는데 기원전 753년과 거의 일치한대. 이곳이 로마로 불릴 만한 역사적인 증거는 아직 없대. 하지만 이곳은 여러 마을 가운데 하나였고, 이곳을 중심으로 로마가 시작된 것은 틀림없는 사실인 것 같아. 재미있는 것은 로마의 마지막 황제의 이름 역시 로불루스, 즉 로물루스 아우구스투스였다는 거야. 로물루스를 마지막으로 서로마는 476년에 게르만족에 의해 멸망하고 만단다."

한 떼의 학생들이 우리 쪽을 향해 걸어오고 있었다. 이탈리아 학생들에게는 이곳이 자신들의 정체성을 확인하는 곳이고 조상을 만나는 곳이니 당연히 중요한 학습장이리라. 이모와 나는 그들에게 자리를 내주고 아우구스투스의 집터를 향해 걸었다.

이모는 내 눈을 빠안히 바라보며 물었.

"그런데 짜무, 너 로물루스의 조상이 누구인지 아니?"

아, 질문은 싫다! 이모가 들려준 이야기는 이미 책을 통해서 알고 있는 내용이었다. 나는 이모를 향해 빠르게 말했다.

"이모, 내가 간략하게 말할게. 로물루스의 조상은 아이네이아스라고 하지. 아이네이아스는 기원전 1200년 무렵에 일어난 트로이 전쟁(고대 그리스와 트로이 사이의 전쟁) 때 트로이가 멸망하자 도망쳐 나온 사람이야. 난 트로이 전쟁 이야기를 굉장히 좋아해. 거기에 내가 좋아하는 남자인 파리스가 나오기 때문이야. 푸푸."

이모가 살짝 매운 인상을 쓰며 말했다.

"너 라파엘로를 좋아한다고 하지 않았니?"

"응, 라파엘로는 사랑하고 파리스는 좋아하는 거야. 조금 차원이 다르지."

파리스는 내가 좋아하는 예술가 라파엘로와 비슷한 생김새를 가진 남자다. 물론 그가 정확히 어떻게 생겼는지는 모르지만 스파르타의 왕비인 헬레네가 반할 정도라면 아주 잘생긴 남자임에 틀림없어 보인다. 파리스가 헬레네를 납치했다고 하는데 납치했다는 말은 뭔가 문제가 있어 보인다. 납치했다기보다는 둘의 마음이 맞아 파리스가 헬레네를 데리고 트로이로 온 것이 전쟁의 씨앗이 된 것이다.

책에서 본 파리스의 얼굴은 아주 잘생겼다. 라파엘로만큼은 아니지만 겉은 번드르르해 보였다. 내가 그를 사랑하지 않는 까닭은 라파엘로의 얼굴에는 깊은 생각의 흔적이 보이지만 파리스에게는 그 모습이 전혀 보이지 않는다는 것이다. 하여튼 전쟁은 약 10년이 걸려 그리스 연합군의 승리로 끝났다. 단짝 우륜이는 내가 파리스를 좋아한다고 하니까 대뜸 이렇게 말했다.

"하여튼 넌 비주얼에 약해."

맞다! 난 외모에 집착하는 면이 있다. 처음 사람을 봤을 때 2초 만에 내가 좋아할 사람인지 아닌지를 결정해 버린다. 결정하는 조건은 따지나마나 겉모습이다. 그것이 나의 단점인지 알지만 고쳐지지 않는다.

"짜무, 아이네이아스에 대해 알고 있는 것 있으면 다 말해 봐!"

이모의 명령 투의 말에 약간 짜증이 나 불퉁스럽게 말했다.

"아이네이아스, 그는 트로이의 왕족으로서 트로이가 멸망해 불바다가 되자 자신의 아버지인 안키세스를 업고 아들과 함께 탈출한 사람."

내 말이 끝나자마자 이모가 입을 쩍 벌리며 말했다.

"와! 짜무, 이모를 감동시키는데."

나는 도리어 이모를 향해 물었다.

"이모, 난 이모에게 감동하고 있어. 어른이라고 해서 역사나 책을 다 좋아하는 것은 아니잖아. 그런데 어떻게 이모는 역사와 문학에 대해 그렇게 좔좔좔 외울 정도로 꿰고 있어? 나는 앞으로 역사학자가 될까 생각해서 역사에 관한 책을 읽고 있지만, 이모는 역사학자도 아니고 그렇다고 문학가도 아니고 삽화가인데……."

갑자기 이모가 크게 웃었다.

"짜무, 너, 평소에 삽화가를 우습게 생각했구나. 그림만 쓱쓱 그려 내면 되는 사람으로……. 쯧쯧, 이거 섭섭한데. 어떤 분야에서든 자기의 길을 제대로 가려면 자기 분야뿐만 아니라 다른 분야의 책까지 섭렵해야 해. 자기 분야 책만 읽은 사람이야말로 대롱으로 세상을 보는 사람이 아닐까? 가령 내가 로마에 관련된 책에 그림을 그린다고 하자. 로마를 단지 사진으로만 보거나 실제로 보기만 하고 그려 낸다면 그것이야말로 겉모습만 보고 그리는 것이지, 과연 그 그림에 혼이 담겨 있다고 할 수 있을까? 로마는 어떻게 해서 시작되었고, 로마에는 어떤 왕들이 살았고, 그 왕들이 통치하던 시대의 백성들은 어떤 삶을 살았는지, 로물루스 신화의 밑바탕에는 무엇이 깔려 있는지…… 무수히 많은 것들을 이해하지 않고는 그림이 나오지 않지. 에휴, 그래서 작가의 길이 쉬운 것 같지 않다. 어떤 분야든 쉬운 것은 없겠지만."

이모가 하는 말이 뭔 말인지 &*%$#@ 어렵기는 해도 여러 분야의 책을 열심히 읽어 내야 한다는 것이 핵심인 것 같았다. 읽고 또 읽고……. 이모가 새삼 달라 보였다.

"짜무, 네 말처럼 바로 아이네이아스가 로물루스의 조상이었디고 로마 사람들은 믿고 있단다. 그는 기원전 13세기에 불타는 트로이를 뒤로하고 그의 어머니인 미와 사랑의 여신 베누스가 인도해 주는 곳으로 가. 도중에 훗날 카르타고(지금의 아프리카 튀니지)를 세운 디도 여왕과 잠깐 사랑에 빠지지만, 나라를 세워야 한다는 굳은 의지를 갖고 라티움(지금의 로마 시 서남쪽 평야 지역)에 정착하게 되었어. 라티움은 '라틴족의 땅'이라는 뜻이지. 아이네이아스의 아들 아스카니우스는 성인이 되자 독립해서 알바 산 기슭에 알바 롱가라는 도시를 세웠어. 이후로 400여 년의 세월이 흘러 아스카니우스의 핏줄을 이어받은 누미토르와 아물리우스 형제가 공동으로 나라를 통치하려고 했어. 그런데 욕심 많은 아물리우스가 권력을 독점하고 싶어 형을 멀리 귀양 보내고, 형의 딸이자 자신의 조카인 레아 실비아를 베스타 여신(로마 신화에 나오는 불의 여신)의 성화를 지키는 처녀 신관으로 삼았지."

나는 얼른 말을 이었다.

"아, 이모! 그 이야기 이어서 내가 할게. 레아 실비아는 전쟁의 신 마르스와 사랑에 빠져 그만 아기를 낳게 되는데, 그 쌍둥이가 바로 로물루스와 레무스라는 것이지. 맞지? 그런데 이모, 어디까지가 신화고 어디까지가 역사인지 헷갈려."

이모가 고개를 갸웃거리며 말했다.

"그 질문, 바로 내가 고민했던 것이야. 로마 사람들은 자신의 나라를 세운 사람을 보통 사람과 다르게 하기 위해서 마르스라는 신을 끌어들이고 아이네이아스의 엄마가 베누스라고 한 것 같아."

"아, 맞아! 고조선을 세운 단군이 하늘의 아들인 환웅과 곰이 변한 웅녀 사이에서 태어났다고 한 것이나, 고구려를 세운 주몽이 알에서 태어났다고 하는 것과 마찬가지 아닐까? 그래야 나라를 세운 사람이 특별해지지 않을까?"

내 말에 이모가 씨익 웃으며 멋진 말을 했다.

"짜무, 이모는 너의 앞날이 몹시 기대가 된다. 나의 조카지만 정말 자랑스럽디!"

로물루스의 집터를 빠져나와 이모와 이야기를 나누며 걷다 보니 시나브로 로마 초대 황제인 아우구스투스의 집터였다!

아우구스투스의 집터에서 보니 로물루스의 집터가 붙어 있었다. 물론 길이 바로 이어지지 않아 돌고 돌아 왔지만.

아우구스투스 황제님, 참 검소하시네요

　아우구스투스. 그는 공화정이 끝난 후인 로마 제국의 초대 황제로 본명은 옥타비아누스다. 공화정은 국민이 선출한 대표자나 기관에 의해 주권이 행사되는 정치 체제를 말한다.

　그는 악티움 해전(그리스의 악티움 앞바다에서 일어난 해전)에서 안토니우스와 클레오파트라의 연합 군대를 물리치고 기원전 29년 로마로 돌아온다. 기원전 27년, 공화정의 실질적인 지배 기관인 원로원은 그에게 '존엄한 자'라는 뜻의, 인간에게 붙여지는 최고의 칭호인 '아우구스투스'를 선사한다. 우리나라 고구려는 주몽이 기원전 37년에 세웠다. 정확히 10년 차이로 아우구스투스는 로마 제국의 황제가 된 것이다.

　여기까지는 이모가 들려준 이야기와 내가 책에서 읽은 이야기를 정리해 본 것이다.

　아까 보았던 고등학생들로 보이는 학생들이 아우구스투스의 집터 앞에서 참새 떼처럼 떠들고 웃으며 사진을 찍느라 분주했다. 이모와 나는 옆에서 학생들이 자리를 떠나기를 기다렸다.

　"짜무, 너 8월이 영어로 어거스트(August)라는 것 알고 있지?"

나는 학생들이 장난을 치며 떠드는 모습을 지켜보다 고개를 끄덕였다.

"어거스트는 바로 아우구스투스를 지칭하는 거야. 그리고 7월인 줄라이(July)는 그의 양아버지이자 고모부인 율리우스 카이사르를 말하는 것이고. 생각해 봐. 자신의 양아버지가 자신의 앞에 나와야 하지 않겠어?"

그 정도는 나도 알고 있는 상식이라 어깨를 으쓱했다.

학생들이 지나가자 고즈넉해졌다. 이모의 목소리도 담담해지고 차분해졌다.

"아우구스투스는 참 겸손한 사람이었어. 로마의 왕이 된 후에도 큰 궁전에서 살지 않고 이렇게 작은 집에서 산 것을 보면……. 그는 시민들처럼 검소한 생활을 했는데, 궁전엔 동상도 사치스러운 가구도 없었으며 화려한 잔치도 베풀지 않았어. 사람들이 그를 황제라고 부르면 화를 내기도 했대."

아우구스투스의 동상

이모의 말이 끝나자마자 내가 얼른 끼어들었다.

"그런데 이모, 그것 알아? 로마의 아이들은 호두알 놀이를 좋아했대. 호두알 놀이는 오늘날 구슬을 갖고 노는 것과 비슷했다지. 하지만 그 당시에는 색유리로 만든 구슬은 매우 비싸서 부잣집 아이들만 가질 수 있었대. 아우구스투스 황제도 호두알과 구슬을 갖고 노는 것을 아주 좋아해서 아이들이 구슬치기 하는 것을 보면 그냥 지나치지 않고 꼭 끼어들어서 같이 놀곤 했대. 멋진 황제 아니야?"

아우구스투스의 집터는 로물루스의 집터와 붙어 있었다. 어쩌면 그는 로마를 세운 로물루스와 자신을 동급으로 생각했는지 모른다. 그래서 그 옆에 자신의 집을 세운 것이 아닐까? 은근히 로마 사람들에게 그것을 부각시켰

아우구스투스의 집터

는지 모를 일이다.

"며칠 후에 우리는 그가 세운 무덤에 갈 거야. 그곳에서 아우구스투스와 인사할 시간이 생길 거야."

아, 며칠 후에 간다는 말은 아직도 내게는 부담으로 남는 말이다. 여행은 좋지만 머릿속에 저장해 놓아야 할 것들이 많은 여행은 조금 부담스럽다.

이모와 나는 아우구스투스의 집터를 뒤로하고 팔라티노 언덕의 정상에 섰다. 바로 아래가 대경기장인 키르쿠스 막시무스다.

나는 혹시 언니의 모습을 볼 수 있을까 싶어 주변을 두리번거렸다. 내가 딴 곳에 눈길을 주는 것을 보고 이모가 나지막이 속삭였다.

"조금 후에 우리 저기 갈 거야."

'우리'라는 말에 언니도 포함되어야 한다. 하지만 언니는 가고 없다. 언니가 가고 난 후, 언니 또래쯤으로 보이는 대학생만 보면 가슴이 묵지근했다. 내가 언니

도미티아누스 황제의 궁전과 그 아래 보이는 키르쿠스 막시무스

를 이렇게 생각해 보기는 처음인 것 같다.

이모가 손가락으로 허물어진 기둥이 서 있는 유적지를 가리키며 말했다.

"짜무, 콜로세움을 세운 베스파시아누스의 아들 중 도미티아누스 생각나니?"

나는 잠깐 기억을 더듬었다. 맞다! 티투스의 동생인 도미티아누스. 나는 그를 '도미 부인'이라고 외워 두었다.

"도미티아누스 황제는 80년에 대화재로 로마 시가 파괴되자 바로 이곳에 궁전을 세웠단다. 이 궁전은 잘 계획된 도시처럼 수직수평으로 매우 짜임새 있게 설계되었어. 이곳에는 거대한 홀과 크고 작은 방들, 분수가 있었지. 또 대경기장 키르쿠스 막시무스 쪽을 한눈에 훤히 내려다볼 수 있었어. 도미티아누스 황제는 궁전을 완성한 다음에 바로 옆에 전차 경기장을 본떠 만든 주경기장을 만들었단다. 로마 사람들은 언덕 위에 세워진 이 궁전을 '신들이 거주할 만큼 멋진 궁전'이라고 불렀어. 포룸 로마눔에서나 키르쿠스 막시무스에서 이곳을 보면 웅장하고 위엄 있게 보였거든."

나는 이모의 설명에 고개를 힘차게 끄덕였다. 언덕 위를 내려오면서 이모는 말을 계속했다.

"짜무, 너 이곳이 로마 왕정 시대의 역사 현장이라는 것은 알지? 로마는 로물루스가 세운 후 모두 일곱 명의 왕들이 통치하게 된단다. 그때를 왕정 시대라고 해. 물론 라틴계의 왕뿐만 아니라 에트루리아계 왕들도 무려 세 명이나 있었지. 그런 것을 보면 로마는 처음부터 열려 있던 나라였어. 어떤 민족이나 다 받아들인 나라였다는 말이야. 로마 인들은 영토를 넓혀 갈 때 관대한 포용 정책을 썼단다. 어떤 경우는 시민권까지 주면서 동화 정책을 사용했어. 또한 문화를 확산했지. 로마는 어떤 문화든지 수용할 태세가 확고했다고 볼 수 있어. 그 예로 그리스 신화를 로마의 신화로 만든 것을 보면 알 수 있지. 당시 로마는 갖가지 문화를 섞어 끓인 큰 솥으로 표현해도 무리가 없을 것 같아. 그 정신을 바로 똘레랑스, 즉 관용이라고 해. 여하튼 7명의 왕 이후로 로마는 왕이 없는 공화정 시대로 넘어간단다. 공화정 시대에는 너도 알고 있는 유명한 카이사르나 안토니우스 같은 인물이 있었지. 그 후 로마 제국으로 이어지지. 아까 우리가 본 아우구스투스가 바로 로마 제국의 기틀을 잡은 왕이라고 할 수 있지. 짜무, 너 공화정 시대의 제1차 삼두 정치와 제2차 삼두 정치 중 하나만 제대로 말하면 내가 맛있는 점심 쏜다!"

으악! 언니 생각을 하느라 이모가 말한 것 중에서 반 이상은 날려 버렸다. 하지만 다행히 뒷말은 고스란히 내 기억의 그물망에서 찰랑찰랑 헤엄을 치고 있었다. 그런데 '제대로'라는 말에 신경이 쓰였다. 저렇게 깐깐하게 구니까 언니가 악질 이모라고 하는 것이지. 나는 자신 있게 이모를 향해 눈을 부릅뜨고 말을 시작했다.

"이모, 제1차 삼두 정치에 대해 말할게. 변호사로도 활동하고 웅변술에 뛰어난 카이사르, 미남 폼페이우스와 돈이 많은 크라수스, 그는 로마 최고의 부자였대. 이렇게 로마를 대표하는 세 정치인이 손을 잡고 권력을 독점한 것을 삼두 정치라고 해. 크라수스는 아버지가 반대파에 의해 살해된 후 집안이 완전히 기울어서 자신을 보호하는 방법은 오로지 돈과 권력뿐이라는 것을 깨달았대. 로마에는 곧잘 화재가 발생했는데, 소문에 의하면 그는 불난 집이 있으면 잽싸게 달려가 불난 집

뿐 아니라 옆집까지 싼값으로 구입한 후 수리해서 비싸게 되팔거나 세를 놓았다고 해. 카이사르와 폼페이우스는 원래는 사이가 좋지 않았는데, 카이사르가 딸 율리아를 폼페이우스와 결혼시키면서 둘의 관계가 아주 특별해졌어. 그와 동시에 카이사르는 크라수스와도 손을 잡았지. 그런데 기원전 54년, 폼페이우스와 카이사르를 연결해 주었던 율리아가 죽는 바람에 삼두 정치에 조금씩 금이 가기 시작했다네."

나는 얼른 연도를 보기 위해 수첩을 보았다. 아, 연도 외우는 것은 정말 힘든 일이다.

"크라수스는 61세 때 카스피 해 동남쪽의 파르티아군을 무찌르다 부하가 뒤에서 칼로 찔러 죽고 말았지 뭐야! 믿었던 부하가 이러면 정말 억울한 것 아니야? 암튼 크라수스가 죽은 다음 삼두 정치가 막을 내리자 원로원은 카이사르와 폼페이우스를 서로 이간질시켰지 뭐야! 안 그래도 폼페이우스는 갈리아에서 싸울 때마다 승리하는 카이사르를 시기했는데, 원로원의 꼬드김에 넘어가 원로원 핵심 인물의 딸과 결혼까지 했대. 그러곤 단독으로 집정관 자리에 올랐다지 뭐야! 이모, 너무 치사한 것 아니야? 자신의 야심을 위해서는 한때 장인이었던 사람을 이렇게 배신해도 되는 거야? 정치라는 것이 정말 치사한 것 같아."

내가 화를 북북 내며 목소리를 높이자 이모는 씨익 웃기만 했다.

"역사책을 읽다 보면 짜증 날 때가 정말 많아. 인간이 정말 치사하고 비열하다는 생각이 들어. 하여튼 카이사르는 집정관에 한번 더 입후보하러 로마에 오는 중이었어. 원로원은 카이사르에게 로마로 들어오려면 무장 해제를 하라고 요구했어. 원로원의 명령을 거절하면 반역에 해당하기 때문에 카이사르는 고민했지만, 기원전 49년 1월 7일 루비콘 강을 건너면서 이렇게 외쳤어."

"주사위는 던져졌다!"

이모와 내가 동시에 한 말이었다. 나는 입을 함박 벌리고 기분 좋게 웃었.

이모가 끼어들었다.

"짜무, 굉장하네. 내 조카가 자랑스럽네."

이모는 내 머리를 손으로 흩뜨려 놓았다.

"아, 이모, 작년엔 내 꽁지머리 잡아당기더니만 이번엔 애지중지하는 내 머리를……."

중학생이 되기 전에 머리를 잘라야 하기 때문에 나는 그 전에 맘껏 머리를 길러 보고 싶었다. 어깨 밑까지 치렁치렁하게. 하지만 내 뜻대로 머리는 그렇게 길게 자라지 않았다. 그래서 어깨까지만 기르고 그만두기로 했다.

나는 이모에게 눈을 흘기며 물었다.

"계속해? 말아?"

이모가 두 손을 내 앞으로 밀며 어서 하라는 시늉을 했다.

가만 생각해 보니 내게 말할 수 있는 기회를 주는 이모가 새삼 고마웠다. 이모도 다 알고 있는 이야기인데 나에게 기회를 주는 것은 역사 정리를 할 수 있는 시간을 주는 것 같았다. 물론 모르는 내용은 수첩을 살짝 보기는 하지만.

"암튼 폼페이우스는 카이사르의 대군과 싸웠지만 크게 지고 말았어. 그는 이집트로 도망해서 프톨레마이오스 왕에게 보호를 요청했지. 하지만 도리어 카이사르를 두려워한 프톨레마이오스 왕의 명령으로 살해되었어. 카이사르는 폼페이우스의 죽음을 슬퍼하며 그를 살해한 범인들을 처형시키고 폼페이우스의 부하들을 자기편으로 받아들였어. 와, 남자라면 이 정도로 마음이 넓어야 되는 것 아니야! 이모, 난 카이사르가 라파엘로처럼 잘생겼다면 라파엘로를 제치고 내가 제일 사랑하는 남자 1순위에 올렸을 거야. 그런데 카이사르는 대머리에다 낭비벽도 심했대. 에휴, 하여튼 카이사르는 프톨레마이오스의 아내로 이집트를 공동으로 통치하고 있던 클레오파트라와 눈이 맞아 버렸네! 이것도 내가 싫어하는 부분이야. 부인도 있는 남자가! 그 당시에 로마 남자들은 정치적으로 이로우면 결혼하고 불리하면 이혼하고……. 그것 마음에 안 들어. 카이사르는 클레오파트라와 결혼하면서 이집트를 모두 손아귀에 넣을 생각을 한 것이지. 그리고 이모, 카이사르는 이

집트에서 로마로 돌아가는 길에 로마 시민들을 괴롭히던 파르나케스 2세의 군대를 네 시간 만에 물리쳤어. 그러고는 '왔노라, 보았노라, 이겼노라'라는 짤막한 말로 전투 상황을 원로원에 알렸지. 히히, 근데 이모, 내가 파르나케스 2세의 이름을 어떻게 외웠는지 알아? '파나캐슈'라는 말로 외웠어. 엄청 고생했다고."

이모가 접시꽃처럼 활짝 웃으며 엄지손가락을 치켜세웠다.

"히야! 이모, 합격이야? 그럼 오늘 근사한 점심 먹는 거지?"

나는 공연히 기가 살아 이모의 어깨에 내 손을 턱 걸쳤다.

"어쭈, 우리 짜무가 기가 살았네!"

이모도 싫지 않은지 피식 웃었다.

"갑시다! 작가님!"

이모와 나는 팔라티노 언덕에서 내려와 포룸 로마눔으로 이어져 있는 길로 들어섰다.

 포룸 로마눔에서 만난 잘난 척 언니

분명 언니였다! 초록색 티셔츠에 허벅지에 착 달라붙는 노란 바지, 베이지 운동화를 신은 언니의 모습은 멀리서도 한눈에 알아볼 수 있었다. 언니가 있는 곳은 티투스 개선문 앞이었다.

언니 옆에는 진영 언니와 친구, 또 다른 사람도 함께 있었다. 가슴이 쿵쿵거렸다. 집 나간 아이를 만나는 엄마의 마음이 이럴까. 이모도 좋은지 언니를 보자 밝게 웃었다.

나는 큰 소리로 언니를 불렀다.

"언니, 금무 언니……!"

언니가 나를 보더니 크게 손을 흔들었다.

나는 얼른 언니를 향해 뛰어가 와락 언니를 안았다. 마치 몇 년 만에 언니를 만난 것처럼.

언니는 갑자기 내가 달려들자 두어 걸음 뒤로 밀리며 말했다.

"어, 어, 야, 짜무 너, 너무 감격하는 것 같다!"

진영 언니가 웃으며 말했다.

"이산가족 상봉하는 것 같다."

나는 금무 언니의 귀에 대고 낮은 소리로 으르렁거렸다.

"우리 배반하고 언니 혼자 가니까 좋으냐?"

언니는 내 머리를 콩 치며 말했다.

"이런, 짜무, 쪼끄만 게 아무것도 모르면서."

그런데 진영 언니 옆에는 처음 보는 남자가 언니와 내 모습을 웃는 얼굴로 쳐다보고 있었다. 처음부터 지켜본 것 같았다. 나는 누구냐는 뜻으로 언니에게 눈길을 줬다. 순간 언니 얼굴이 발개졌다.

"…… 으응, 진영이 사촌 오빠래……."

언니는 내게 귀엣말을 했다.

"근데 저 오빠 정말 대단해. 아르바이트해서 모은 돈으로 유럽 여행하는 거래. 게다가 우리 학교 선배야. 엄청 신기하지?"

그 말을 듣자마자 혹시 언니가 진영 언니 사촌 오빠에게 마음을 빼앗긴 것은 아닐까 하는 걱정이 생겼다. 나를 보자 대뜸 처음 보는 오빠 칭찬부터 하는 것을 보니.

진영 언니 사촌 오빠가 나와 이모에게 다가와 넙죽 인사를 했다.

"반갑습니다. 금무 이모님, 진영이 사촌 오빠 나진수입니다."

오빠는 나에게도 손을 흔들며 말했다.

"반갑다. 네가 은무라는 똘똘이구나."

으악! 벌써 내 이름도 알고 이모도 알고, 게다가 나를 똘똘이라고 하는 게 마뜩찮았다. 이제 중학생이 되는 아이에게 유치하게 똘똘이라니! 이모는 씨익 웃으며 진수 오빠와 악수까지 했다.

나는 진수 오빠를 찬찬히 뜯어보았다. 언니가 볼이 발그레해지는 것으로 봐 언니 마음을 어느 정도 사로잡고 있는 것 같은데……. 나는 공연히 마음이 불안했다. 공부만 했던 언니는 남자 보는 눈이 없을 것이다. 더구나 남녀 공학도 아닌 여고에 다녔기 때문에, 아빠 외에는 남자와 별로 부딪쳐 보지 않아서 진수 오빠에게 쓸데없이 마음을 쉽게 뺏기는 것이 아닌지 영 불안했다.

나는 대뜸 진수 오빠에게 당돌하게 물었다.

"로마에 언제까지 머무실 건가요?"

"그건 왜? 원래 삼 일 만 머물기로 했는데 이틀 더 연장하려고 해. 워낙 볼 게 많아서……."

진수 오빠는 씨익 웃으면서 나에게 허리까지 굽히며 말했다.

나는 다짜고짜 언니에게 말했다.

"언니, 우리와 함께 점심 먹어야 돼! 이모가 근사한 점심 사기로 했거든."

이모가 편안한 목소리로 끼어들었다.

"금무야, 형편 되는 대로 해."

그때 다시 진수 오빠가 끼어들었다.

"와, 근사한 곳이 있으면 저희도 같이 가면 안 될까요? 안 그래도 로마에서 한 번 정도는 근사한 곳에서 식사하고 싶었습니다. 혹시 저희 같은 학생들은 갈 수 없는 엄청나게 비싼 곳인지요?"

이모가 활짝 웃으며 말했다.

"햄버거값보다 조금 더 쓰면 돼요."

진영 언니가 소리쳤다.

"우아! 좋아요! 이모! 대신 저녁은 굶으면 돼요."

이모가 시계를 보았다.

"벌써 12시 20분이네……. 그러면 포룸 로마눔 둘러본 후 카피톨리노 언덕에서 1시에 보면 어떨까요."

진영 언니와 진수 오빠가 동시에 외쳤다.

"네!!"

우리는 티투스 개선문 앞에서 헤어졌다.

나는 언니를 눈으로 흘기며 물었다.

"언니, 누구랑 갈 거야?"

언니는 얼른 진영 언니에게 달려가 팔짱을 끼며 말했다.

"이모, 1시에 만나!"

와, 배신감이 가슴에서 휘몰아쳤다. 가족이 이렇게 배신을 하다니! 동생보다 친구가 좋은가? 아니 어쩌면 진수라는 꺽다리 오빠가 좋아서 저런지 모른다. 보통 사람보다 조금 더 큰 키에 호리호리하게 마른 데다 얼굴이 조금 길게 생긴 진수 오빠는 웃음이 참 매력적이었다. 남자가 얼굴에 볼우물이 패이고. 쳇, 자기가 크다고 자랑하나? 나하고 말할 때 무릎을 구부려 눈을 마주쳐 말하려고 하고. 암튼 재수 없어. 나를 똘똘이라고 표현하는 것 자체도.

나는 혼자 구시렁거리며 언니와 함께 떠나는 진수 오빠를 못마땅한 눈으로 쳐다보았다. 무엇이 그리 좋은지 웃음이 입에 걸려 있는 언니를 더 못마땅한 눈으로 바라보았고.

이모가 내 어깨를 살며시 토닥이며 말했다.

"우리 짜무가 언니가 걱정되어서 그렇구나. 놔 둬! 언니는 아이가 아니야."

"아이참! 이못! 언니는 철부지라고!!"

나는 언니를 못 미더워하는 마음을 이모가 다 알아챈 것에 공연히 화가 나 이모에게 왁왁 소리를 질러 댔다.

내 소리를 들어서였는지 아니면 내 마음을 알았는지 멀리서 언니가 뒤돌아서서 내게 손을 흔들었다. 피, 배신자.

이모가 내 머리를 다시 흩트렸다.

"아이참, 이모, 그러다가 나 대머리 되겠어! 카이사르처럼 대머리가 되어서 늘 월계관을 쓰고 있어야겠어?"

이모가 피식 웃으며 대꾸했다.

"짜무, 너 그거 아니? 너 이번 여행에서는 나보다 훨씬 많이 소리를 지르는 것? 별것 아닌 일에도 소리 지르고……. 자, 마음 가다듬고 우리 여행의 본질을 잊지 말고 티투스 개선문과 제대로 눈인사를 하고 가자."

이모는 또 '제대로'라는 말을 썼다.

나는 티투스 개선문이 언니라도 되는 양 노려보았다. 티투스 개선문은 포룸 로마눔의 입구에 세워진 문이다. 나는 티투스 개선문 앞에서 내 앞으로 펼쳐진 포룸 로마눔의 경치를 보았다. 돌길로 이어진 중앙 길을 사이에 두고 크고 높은 건물들이 이어져 있었다. 그 속에 언니의 모습도 들어왔다.

'그래, 본질에 집중하자.'

나는 배신자 언니를 지워 버리려고 고개를 털었다.

이모가 내 어깨를 다정하게 잡더니 조용한 목소리로 말했다.

포룸 로마눔

티투스 개선문

"짜무, 이곳 포룸이 어떻게 세워졌는지 알고 있니?"

나는 고개를 털었다.

"짜무, 정신 똑바로 차리고 들어. 포룸에 발을 디디고 서 있어도 포룸의 의미와 역사적 가치를 모른다면 네가 보고 있는 모든 유적들은 돌멩이에 불과하다는 것 알고 있지?"

공연히 짜증이 났다.

"이모, 안다고 알아! 설명이나 해!"

내가 생각해도 이상했다. 작년에 피렌체를 여행했을 때는 나보다 이모가 더 성질을 낸 편이었다. 그런데 이번에는 내가 성질을 박박 내고 있다.

이모가 놀란 모습으로 나를 쳐다보고 있었다.

"미안해……. 나도 모르게 화가……."

기어들어 가는 목소리로 사과를 하자 이모가 피식 웃었다.

"짜무, 로마가 건국된 후 공화정 시대가 되기 전까지 약 250년 동안 로물루스를 포함해 일곱 명의 왕들이 있었는데, 3대 왕까지는 라틴계와 사비니계였고 4대 왕부터 7대 왕까지는 에트루리아계였어. 당시 최고의 선진국 에트루리아의 도시들은 로마처럼 마구잡이로 세운 도시가 아니라 성벽과 포장도로와 하수도망도 갖춘 계획도시였어. 제5대 왕 타르퀴니우스 프리스쿠스가 통치했을 때 로마는 에트루리아의 영향을 받아 세련된 도시로 바뀌었단다. 제5대 왕은 38년 동안 나라를 다스리면서 대규모 토목 공사를 벌였어. 즉, 로마를 정돈된 도시로 바꾸어 놓았지. 특히 지대가 낮아 비만 오면 물이 고이고 테베레 강이 넘치면 물에 잠겨 버리는 포룸에 배수 시설과 하수 시설을 만들어 돌로 포장해 널찍한 시장터를 만들었어. 아, 포룸은 이탈리아 어로는 '포로'라고 하는데, 로마 시대의 광장을 말해. 이게 바로 포룸 로마눔 건설의 시작이야. 포룸 로마눔은 이탈리아 어로 '포로 로마노'라고 하는데, '로마 공회장'이라고 할 수 있지. 공회장은 열려 있는 광장으로 그곳에서 사람들이 모여 회의도 하고 토론도 할 수 있는 곳이야. 제7대 왕 타르퀴니우스 수페르부스가 공공건물, 상점과 신전 들을 이곳에 세우면서 로마 중심가의 모습이 잡히기 시작했지. 주변엔 공공건물 바실리카(집회소)를 세워 포룸 로마눔은 로마의 종교, 정치, 행정, 사법 기관, 경제의 중심지가 되었단다."

+_&^%@#* 뭐가 그렇게 복잡한지. 머리가 터질 것 같다.

"이모, 그러니까 한마디로 포룸 로마눔에서 모든 사람들이 모여서 서로 이야기도 나누고, 정치인은 이곳에서 연설을 했고, 법관은 판결했고, 종교 행사도 이곳에서 했고, 사람들은 쇼핑도 했다는 것 아니야. 여기 오면 요즘의 패션이 무엇인지, 유행하는 머리 스타일은 무엇인지, 그러니까 요즘으로 치면 방송국, 신문사, 인터넷 회사, 백화점, 법원, 국회 의사당, 이런 것들이 다 이곳에 있었다는 것 아니야?"

이모가 눈을 동그랗게 뜨고 나를 쳐다보았다.

"와! 우리 짜무 대단한데. 내가 한 말을 그렇게 해석하다니!"

나는 씨익 웃으며 말했다.

"이모가 '자랑스러운 은무'라고 불러 주어서 그 말을 들을 때마다 지식의 씨앗이 내 마음에서 자랐나 봐."

"그런데 짜무, 이왕 말한 김에 조금 더 보태서 말할게. 왕정 시대에서 공화정 시대로 바뀌고, 로마의 국력이 점점 커져 가자 기존의 시설만으로는 부족했어. 그래서 율리우스 카이사르는 자신의 이름을 딴 포룸 율리움을 따로 세웠고, 공화정 시대에서 황제의 시대로 바뀐 뒤 아우구스투스를 비롯한 후세의 황제들도 포룸 로마눔 동쪽에 자신의 이름을 붙인 포룸을 따로 건설했어. 그곳은 내일 갈 거야."

또 '갈 거야'라는 숙제! 나는 속으로 긴 한숨을 쉬었다.

이모와 나는 티투스 개선문으로 눈길을 돌렸다.

"짜무, 이 문을 티투스의 예루살렘 정벌을 기념하여 세웠다는 것은 알고 있지? 그리고 그의 아버지 베스파시아누스 황제 때 아까 본 콜로세움을 만들기 시작했다는 것도 알고 있고?"

나는 짜증 나는 눈빛으로 빨리 말을 이어서 하라는 뜻으로 고개를 성급하게 끄덕였다.

"네로 황제 때 로마의 지배를 받고 있던 유대 인들이 예루살렘에서 반란을 일으켰어. 그러자 네로 황제는 제국 내 다른 곳에서도 비슷한 폭동이 일어날 것을 염려해 당시 장군이었던 베스파시아누스에게 반란을 진압할 것을 명령했단다. 그러나 로마군이 예루살렘 포위망을 좁혀 들어갈 즈음 네로 황제가 죽고 갈바가 황제가 되면서 전쟁은 잠시 중단되지. 그런데 베스파시아누스 장군을 대신해 아들 티투스가 황제인 갈바에게 충성을 맹세하러 로마로 가던 도중에 갈바가 죽고 오토가 황제가 되었지 뭐냐! 하지만 얼마 후, 다시 오토를 누르고 비텔리우스가 황제가 되자 군인들은 베스파시아누스를 황제로 추대했어. 정말 몇 년 사이에 황제가 세 명이나 바뀐 것이지. 비텔리우스를 제거하고 황제가 된 베스파시아누스는 로마로 건너갔고, 티투스는 아버지의 부탁으로 예루살렘을 공격했지. 결국 티투스에 의해 예루살렘 성전은 철저하게 파괴되고 말았단다. 무자비하게 죽은 사람들

티투스 개선문 안쪽 벽면 양쪽에 새겨진 ❶ 개선 마차 ❷ 전리품을 든 개선 행렬

의 시체가 널려 있었고, 살아 있는 자들은 노예로 팔려가거나 티투스의 개선 행렬을 따라 로마에 노예로 끌려왔지. 예루살렘 성전은 솔로몬 왕 때 처음 세워졌다가 기원전 587년에 바빌론의 느부갓네살 왕에 의해 파괴되었어. 이를 유대 인들이 다시 세운 것으로, 현재는 통곡의 벽만이 당시의 처참한 상황을 증거해 주고 있어. 여하튼 79년 베스파시아누스 황제가 죽고 39세의 티투스가 황제로 즉위했어. 아우구스투스 이래 황제의 친아들이 후계자가 된 경우는 그때가 처음이었다고 해. 그런데 짜무, 그가 황제가 된 후, 로마에는 여러 가지 큰 재앙이 많았지 뭐냐. 79년, 황제가 된 지 두 달 만에 베수비오 화산 폭발로 폼페이가 잿더미에 쌓였고, 80년엔 로마의 중심부에 대화재가 나고, 81년엔 전염병이 나돌아 수많은 사람들이 희생되었어. 그도 재위 2년을 조금 넘긴 41세의 나이에 숨을 거두고 말았대. 어떤 사람들은 그가 예루살렘 성전을 파괴한 죄로 하나님의 저주를 받은 것이라고 말하기도 해."

나는 이모의 설명을 들으면서 잡념을 없애려고 노력했다. 눈길로는 자꾸 언니의 초록색 티셔츠를 찾고 있었지만 이모의 열성을 생각해서라도 마음을 모았다.

그런데 이모의 말투가 조금 달라졌다. '뭐야'라고 말하더니 이제 '뭐냐'라고 말한다. 아마도 언니의 퉁박을 받고 말투가 바뀐 것은 아닐까? 나는 쓸데없는 생각을 털어 내느라 티투스 개선문에 집중을 했다.

티투스 개선문은 콘스탄티누스 개선문에 비해 크지 않았다. 아치를 받치는 양쪽 벽면에 개선 장면이 묘사되어 있었다. 한쪽에는 전리품을 들고 아치문으로 들어서는 개선 행렬로 은 나팔, 일곱 개의 가지로 된 금 촛대 등 예루살렘 신전의 보물들이 새겨져 있었다. 또 다른쪽에는 개선 마차에 올라탄 티투스에게 승리의 여신 빅토리아가 면류관을 씌우는 모습이 보였다.

이모와 나는 티투스의 개선문을 뒤로하고 왼쪽에 있는 베스타 신전을 향해 걸었다. 베스타 신전은 코린트 양식의 다섯 기둥만 달랑 남아 있다.

내가 얼른 끼어들었다.

"이모, 베스타는 처녀 신으로 고대 로마 인들이 섬기던 12신 가운데 하나였어."

"맞아! 우리 짜무! 정말 훌륭해!"

엇, 이모가 '훌륭해'라는 말을 다 쓰다니! 이모가 변해도 너무 변했다. 신성호 작가를 만난 후부터 달라진 것인가? 가만, 맞다. 피렌체의 미켈란젤로 언덕에서 이모는 마음의 상처를 다 털어 냈다. 그 후 달라진 것이 틀림없다.

"짜무야, 로마를 세운 로물루스가 사라신 후, 로미 사람들은 로물루스가 죽은 것이 아니라 사라졌다고 믿었어. 원로원에 의해 제2대 왕으로 추대된 누마 폼필리우스는 라틴족이 아닌 사비니족 출신으로 교양과 덕망을 갖춘 훌륭한 왕이었

❶ 베스타 신전 ❷ 베스타 신전 5개의 기둥

어. 그는 43년 동안 로마를 평화롭게 다스렸어. 그리고 로마가 영원히 지속되는 것을 상징하는 성화를 모실 베스타 신전을 세우고, 그 신전을 지키는 처녀 제관을 임명했어. 베스타는 원래 집의 아궁이를 지키는 여신인데 누마 왕은 베스타 여신을 국가 차원의 신으로 높였지. 베스타 신전의 제관들은 모두 처녀들로만 구성했어. 처녀 제관들은 모두 여섯 명인데, 여섯 살에서 열 살 사이의 소녀들 중에서 뽑았으며, 30년 동안 베스타 여신을 숭배하는 의식을 했고, 성화를 목숨 걸고 지켰대. 처녀 제관은 매우 신성한 존재로 여겨져서 사회적으로 높은 지위를 누렸다지. 처녀 제관이 만일 성화를 꺼뜨리거나 순결을 잃는 경우 퀴리날레 언덕 위에서 생매장당했다지 뭐냐! 현재의 유적은…… 잠깐."

이모는 뭔가를 잊어버린 듯 얼른 수첩을 꺼내 보며 말을 이었다.

"…… 그래, 191년 셉티미우스 세베루스 황제의 황비 율리아 돔나가 복원한 것이래."

우훗! 이모도 잊어버리는 게 있다니! 왠지 사람 냄새가 나서 좋았다.

"이모, 수첩 보고 이야기해도 괜찮아. 나는 엄청 잊어버리는데 이모는 나보다 기억력이 좋은 것 같아."

내 말에 이모가 다시 내 머리를 흐트렸다.

"아휴, 이모, 제발 내 머리 흐트리지 말라고! 그건 아예 이모 머릿속에서 지워 버리라고!"

나는 씩씩거리며 앞을 향해 걸었다.

베스타 신전을 나와 옆으로 똑바로 걷자 많은 사람들이 모여 있는 곳이 눈에 띄었다.

"카이사르가 연설했던 곳이기도 하고 그를 화

카이사르 동상

카이사르가 화장된 곳

장했던 곳이야."

이모는 내 어깨에 오른손을 척 얹으며 말했다.

카이사르가 브루투스의 칼에 찔린 후에 시민들은 이곳에서 카이사르를 화장했다고 한다. 어떤 장식도 없는 소박한 곳이었다. 다듬지 않은 넓은 돌 위에 꽃이 놓여 있었다. 줄기에 달려 있는 잎에 아련하게 초록이 묻어 있는 것을 보니 며칠 전에 놓아 둔 것으로 보인다. 주변에서 갖고 온 들꽃인지 노랗게 부스스 말라 가고 있는 꽃이 애처로워 보였다. 이미 말라 버린 장미꽃도 놓여 있었다. 돌 위에는 사람들이 던진 동전들이 놓여 있었다. 이곳을 방문하는 세계 사람들은 카이사르를 잊지 못하는 것 같았다. 그의 어떤 모습에 사람들은 감동을 하는 것일까? 나는 그를 '주사위는 던져졌다'라는 말로 기억하고 있다. 단호함과 결단력이 내게는 필요하니까.

이모가 나지막이 말을 이었다.

"카이사르는 56세가 되던 기원전 44년 2월 14일, 드디어 종신 독재관이 되었지. 카이사르가 브루투스와 그 일행에게 살해당한 후 바로 이곳에서 그의 시신이 화장되었어. 원로원은 그를 추모하여 카이사르의 시신이 화장된 곳에 대리석 기념

원기둥을 세웠고, 카이사르의 후계자 아우구스투스는 원기둥이 있던 자리에 신전을 세웠지."

이모의 말이 끝나고 함께 발길을 옮긴 곳은 디오스쿠리 신전이었다. 나는 뒤돌아보며 카이사르가 화장된 곳을 쳐다보았다. 그래, 위대했던 지도자도 결국은 저렇게 한 줌의 재로 가는구나. 그래도 카이사르는 인류에게 멋진 명언과 교훈을 많이 주고 갔네. 나름 멋지게 산 사람이라 사람들이 저렇게 많이 찾는 것이 아닐까? 나는 어떻게 살까? 나는 카이사르를 만나면서 내가 앞으로 살아야 할 삶에 대해 많은 생각을 했다.

휘뚤, 너무 깊은 생각을 하다 하마터면 넘어질 뻔했다. 울퉁불퉁한 곳에 발을 딛었기 때문이다.

"짜무! 괜찮아?"

이모가 얼른 나를 부축했다.

와, 괜찮냐고 물어보다니! 역시 이모가 많이 달라졌다. 나는 이모를 향해 피식 웃었다.

디오스쿠리 신전

이모가 가리키는 쪽을 보았다. 디오스쿠리 신전이다. 달랑 세 개의 코린트식 기둥만 남아 있는데, 그 모습만으로도 원래의 디오스쿠리 신전이 얼마나 위엄이 있었을지 상상이 갔다. 7미터나 되는 높이라 포룸 로마눔의 유적지에 들어오면 제일 먼저 눈에 띄었다. 눈부시게 하얀 자태 때문이 아닐까.

"이곳에 와서는 마음의 눈으로 봐야 한다고 했지."

이모의 말에 새삼 고개를 끄덕였다. 상상을 덧대어 봐야 제대로 볼 수 있다.

디오스쿠리 신전은 카피톨리노 언덕 바로 밑에 있다.

이모가 낮은 소리로 말했다.

"디오스쿠리 신전은 유피테르(그리스 신화의 제우스에 해당)의 아들인 카스토르와 폴룩스에게 바쳐진 신전이야. 고대 로마 인들은 이들을 '디오스쿠리'라고도 불렀어. 카스토르는 말을 길들이고 키우는 데 뛰어났고, 폴룩스는 권투를 잘했다고 해. 디오스쿠리 형제는 인간들을 매우 친근하게 생각해서 인간이 위기에 처할 때마다 나타나 도와주는 역할을 했다고 해. 조금 후에 그들의 모습을 카피톨리노 언덕에서 볼 거야."

이모가 '조금 후에 볼 거야'라고 말하면 이상하게 힘이 빠진다. 앞으로 해야 할 일이 숙제처럼 남아 있는 것 같아 부담이 되기 때문이다. 그냥 경치 보듯 보면 안 될까? 하기야 그렇게 보면 돌무더기와 폐허만 보니 그곳에서 역사의 체취를 맡지 못할 것이 뻔한 것을 알면서도 번번이 속이 부글부글 끓는다.

이모가 계속 말을 이었다.

"짜무, 로마 사람들이 디오스쿠리 신전을 세운 까닭이 있어. 기원전 499년 허약해진 로마가 라틴 군대와 힘겹게 싸우고 있을 때 백마를 탄 쌍둥이 형제가 나타나 로마군을 승리로 이끌었다고 해. 전투가 끝나자마자 사람들에게 로마군이 승리했다는 말을 남기고 사라져 버렸는데, 사람들은 그들을 유피테르 신의 아들 디오스쿠리 형제라고 믿었어. 그래서 이 신전을 세운 것이지."

아, 슬슬 이모의 설명이 지루해지기 시작한다. 배도 고프고. 나는 길게 하품을 하며 시계를 봤다.

"이모, 우리 약속 시간에 늦겠어."

이모가 나를 흘겨보며 말했다.

"이런, 우리 짜무의 생각이 다른 곳에 가 있구나. 마지막으로 바로 옆에 있는 셉티미우스 세베루스 개선문만 보고 가도록 하자. 그리고 가자고, 가!"

으휴, 그러니까 마녀 이모지. 악착같이 하나라도 빼놓지 않으려는 이모의 끈질김 때문에 두 손 다 들었다.

비탈길이 시작되는 곳에 서 있는 개선문이 바로 셉티미우스 세베루스 개선문이다. 어째 이름에 '미우스'가 들어간다더니 배고픈 내 심정도 모르고 이모가 개선문에 대해 설명을 해 줄 모양이다.

이모가 말을 이었다.

"짜무, 나도 배고프기는 마찬가지야. 이렇게 지식에 배가 고프면 얼마나 좋을까? 이 개선문은 203년 원로원과 로마 시민들이 셉티미우스 세베루스와 그의 두 아들에게 바친 것으로, 간결하고 단순한 티투스 개선문과는 달리 기둥들이 밖으로 튀어나와 명암의 대비가 매우 강해. 개선문의 앞면과 뒷면에는 빈 공간이라고는 찾아볼 수 없을 정도로 많은 장면들이 빼곡하게 조각되어 있어. 셉티미우스 세베루스는 외적들을 맞아 싸우기도 하고 로마 제국 영토를 누비면서 내전을 많이 치룬 군인 출신의 황제였어. 그는 146년 북아프리카에서 태어난 로마 제국 사상 최초의 아프리카 출신 황제야. 세베루스는 마르쿠스 아우렐리우스 황제와 코모두스 황제 밑에서 공을 세워 지방 사령관이 되었어. 그는 그리스의 아테네에서 철학을, 로마에서는 법률을 공부한 지성을 갖춘 군인이었대. 로마를 공포로 몰아넣은 코모두스가 암살당하자 여러 사람이 황제가 되었는데, 후에 다 암살당하고

셉티미우스 세베루스 개선문

셉티미우스 세베루스 개선문 ❶ 왼쪽 조각 ❷ 오른쪽 조각

세베루스가 황제가 되었지. 그는 보잘것없는 가정에서 태어났지만 최고 권력자의 자리에 올라 18년 동안 대로마 제국을 통치했는데, 죽기 전에 자신의 삶을 회고하면서 '나는 내가 하고자 하는 일은 다 이루었다. 그러나 모든 것이 헛된 일이었다.'라고 고백했대. 그는 아들 카라칼라와 게타 사이가 좋지 않은 것을 알고 제국을 공동으로 통치하도록 유언했지만, 카라칼라는 세베루스가 죽고 1년 후 게타를 어머니 율리아 돔나 앞에서 살해했지 뭐냐. 자신을 죽이려고 했기 때문이라고 말이야. 하지만 카라칼라 역시 살해당하고 말아. 아휴, 배고프다! 이제 가자!"

듣던 중 반가운 소리다! 가자! 맛있는 점심을 먹으러. 우리는 카피톨리노 언덕을 향해 올라갔다.

포룸 로마눔 (Forum Romanum, Foro Romano)

- Via della Salara Vecchia, 5/6, Roma
- 지하철 메트로 B선 콜로세오(Colosseo) 역에서 도보 약 1분
- 39-06-0608
- 1/2~2/15-08:30~16:30, 2/16~3/15-08:30~17:00, 3/16~8/31-8:30~17:30, 9/1~9/30-08:30~19:00, 10/1~10월 마지막 주 토요일-08:30~18:30, 10월 마지막 주 일요일~12/31-08:30~16:30 (휴무) 1/1, 5/1, 12/25
  ※ 사정에 따라 관람 시간과 휴무가 바뀌니 주의!
- 학생 9유로, 성인 12유로(콜로세움, 팔라티노 언덕과 통합권, 2일 유효)

# 라르고 아르젠티나에서 마음의 빗장을 풀다

아, 행복하다! 이렇게 맛있는 식사는 처음이다. 특히 후식인 젤라또는 일품이었다. 케이크에 얹혀 있는 뜨끈뜨끈한 초콜릿은 어찌나 진한지 포크에 달라붙을 정도였다. 그 위에 사뿐 올라앉은 젤라또는 차가웠다. 입안에서 뜨거운 것과 차가운 것이 엉켜 환상적인 맛을 자아냈다.

나만 그런 것이 아니었다. 금무 언니와 진영 언니는 커다란 접시에 담긴 젤라또를 사진기에 담느라 정신이 없었다. 한 스푼씩 맛을 보더니 둘은 눈을 커다랗게 뜨며 엄지를 치켜세웠다.

"맛있어! 정말 맛있어!"

나는 흘끔 진수 오빠를 흘겨보았다. 진수 오빠 역시 흡족한지 얼굴에 웃음이 가득했다. 진수 오빠는 식당 옆에 전시되어 있던 오토바이에 관심이 많은지 오토바이에 시선을 많이 빼앗기는 것 같았다.

두가티 식당에서 식사를 마치고 우리는 바로 옆에 있는 라르고 아르젠티나 광장으로 발걸음을 옮겼다. 진영 언니, 승숙 언니, 진수 오빠도 쫓아왔다.

"우리도 이모 설명 들어도 되나요?"

이모가 활짝 웃으며 말했다.

"이곳, 라르고 아르젠티나 지역에 있는 공화정 시대의 신전 부근에서 카이사르가 브루투스에게 칼로 찔렸는데, 이 이야기는 우리 짜무가 설명해 줄 거야. 그렇지, 우리 짜무야?"

이모는 내 의견도 묻지 않고 말했다.

나는 얼굴이 발그스름해졌다.

"아이, 이모……."

나는 머리를 북북 긁다 언니를 가리키며 말했다.

"언니가 하면 안 될까?"

이모가 눈을 찡긋거리며 어서 하라는 듯 손을 흔들었다.

나는 머뭇거리다 말을 시작했다.

"…… 이곳은 아까 우리가 만난 카피톨리노 언덕에서 북서쪽으로 약 500미터

라르고 아르젠티나

떨어져 있어요. 이모, 맞지?"

나는 이모가 머리를 끄덕이는 것을 보고 안심한 후 다시 말을 이었다.

"카이사르는 크라수스가 죽은 후에 파르티아를 정벌하기 위해, 아, 파르티아는 지금의 이란 지역을 말한대요. 헤헤, 틀리면 틀리다고 말해 주세요. 암튼 그는 출발하기 사흘 전인 3월 15일, 원로원을 소집하고 회의장으로 향하고 있었어요. 카이사르는 정치가이면서도 장군으로서 탁월한 능력을 지니고 있었기 때문에 호위병 없이 혼자서 길을 다니는 것이 예사였대요. 그런데 공화정의 전통을 지키려던 카시우스와 브루투스 일당이 카이사르가 독재할 것을 염려해 카이사르를 그만 암살하고 말았어요. 그런데 카이사르는 공교롭게도 바로 폼페이우스의 석상 아래서 쓰러지고 말았다지 뭐예요. 그 석상은 카이사르가 폼페이우스가 그간 로마를 위하여 애쓴 공으로 세워 준 동상인데 말이에요. 게다가 폼페이우스는 한때 자신의 딸인 율리아의 남편이기도 했으니까 약간의 정도 남아 있었을 거예요. 그런데 끔찍한 것은 칼을 한두 번 찌른 것이 아니라 무려 23번이나 찔렀다는 거예요. 너무 잔인한 것 아니에요? 그래서 카이사르가 브루투스를 보고 '브루투스, 너마저.'라고 외치고 죽었다고 알려져 있어요. 브루투스는 카이사르가 친아들처럼 사랑하고 믿었던 사람이었으니까 그런 말을 했을 것 같아요. 히히, 부족한 부분은 마음의 눈으로 보고 채우세요."

라르고 아르젠티나의 카이사르가 암살당한 곳

갑자기 땅을 때리는 소나기 같은 따가운 박수 소리가 들려왔다.

"와, 와! 최고다!"

진영 언니가 외치는 소리였다.

나는 슬쩍 진수 오빠를 쳐다보았다. 진수 오빠는 오른팔을 허공을 향해 휘두르며 휘파람까지 불었다.

"와! 정말 대단해! 다시 봐야겠네, 똘똘이 은무."

이모도 기분이 좋은지 입이 국그릇처럼 벌어졌다.

나는 진수 오빠라는 사람을 무장 해제하고 받아 주어야 할 것 같았다. 이렇게 나를 칭찬해 주는데. 아, 나는 마음이 약한 게 흠이다.

비토리오 에마누엘레 2세 기념관 앞에서 언니는 왕따가 되었다

다시 비가 후두둑 내리기 시작했다. 우리는 얼른 우산을 폈다. 그런데 진수 오빠가 우산이 없었다. 금무 언니가 진수 오빠에게 말했다.
"오빠, 이 우산 같이 써요."
그러고 보니 진영 언니와 승숙 언니가 함께 우산을 쓰고 있었다. 승숙 언니의 눈이 째긋해지는 것을 나는 놓치지 않고 잡아냈다.

비토리오 에마누엘레 2세 기념관

나는 언니를 걱정스럽게 쳐다보았다. 눈치 없는 언니가 승숙 언니가 이미 좋아하고 있는 진수 오빠를 좋아하는 것이 아닐까 하는 걱정 때문에, 나는 언니에게 은근히 눈치를 주었다.

"언니, 그 우산 진수 오빠에게 주고 나와 같이 쓰자!"

내가 조심스럽게 하는 말에 진수 오빠가 말했다.

"괜찮아! 너 혼자 쓰기에도 작아 보이는데. 언니 신세 좀 질게. 조금 있다 비가 그치겠지."

나는 얼른 승숙 언니에게 눈길을 줬다. 아주 못마땅한 눈치였다.

걷다 보니 이탈리아를 통일한 왕, 비토리오 에마누엘레 2세의 기념관 앞이었다. 이모가 물었다.

"너희들 어디로 갈 거니?"

진영 언니가 말했다.

"우리끼리 갈 곳이 있어요. 금무아, 다음에 보자. 이모, 오늘 고마웠어요. 안녕히 가세요. 은무, 잘 가!"

나는 언니를 쳐다보았다. 진영 언니가 말하는 '우리' 속에는 금무 언니가 끼어 있지 않았다.

언니는 엉겁결에 진영 언니와 승숙 언니, 진수 오빠에게 손을 흔들었다. 하지만 뭔가 혼란스러운 것 같았다. 언니는 얼른 들고 있던 우산을 진수 오빠에게 건네며 말했다.

"오빠, 이 우산 쓰고 다음에 주세요. 저는 은무와 함께 쓰면 되거든요."

그때 진영 언니가 끼어들었다.

"아냐! 우리 셋이 함께 쓰면 돼! 조금 있으면 비가 그칠 것 같아."

언니가 되받아쳤다.

"셋이 쓰면 너무 좁잖아. 그리고 왜 나는 같이 가면 안 돼?"

언니가 너무 눈치가 없어 안쓰러워 보였다. 진영 언니가 뒷걸음질을 치며 무언가를 말하려고 했다.

그때였다. 승숙 언니가 언니에게 다가와 귀엣말을 했다. 갑자기 금무 언니의 얼굴이 하얗게 되었다. 몸도 빳빳하게 굳어지는 것 같았다.

진영 언니가 그런 언니를 두고 떠나며 말했다.

"이미 약속이 잡힌 것이 있어서……. 또 보자."

진수 오빠가 어정쩡한 표정으로 언니에게 말했다.

"금무야, 또 보자. 안녕!"

언니는 울 것 같은 표정이었다. 내가 봐도 분위기가 이상했다. 언니는 진수 오빠를 따라가고 싶은지 우두망찰했다.

내가 얼른 언니의 손을 잡았다.

"언니, 가자고!"

언니가 고개를 떨구었다. 승숙 언니가 언니의 귀에 대고 어떤 말을 했을지 궁금했다. 언니가 걸음을 휘뚤거릴 정도였으니.

호텔에 들어갈 때까지 언니는 한마디도 안 했다. 저녁은 먹는 둥 마는 둥 했다.

우선 잠을 먹고 싶었다. 새벽 5시에 일어났으니 눈꺼풀이 바위처럼 느껴지는 것도 당연하다.

호텔로 돌아오자마자 씻는 것도 미룬 채 잠에 빨려 들어갔다. 언니가 걱정이 되었지만 눈꺼풀이 스르륵 감겨 곯아떨어진 것 같았다.

대경기장 키르쿠스 막시무스에서 성숙해진 내 모습을 보다

아침에 일어나면 버릇이 되어 하늘부터 쳐다본다. 잔뜩 찡그린 하늘에서 비가 폭포처럼 쏟아질 기세다. 나는 우산부터 챙겼다.

우리가 전철을 타고 내린 곳은 치르코 마시모 역이다.

키르쿠스 막시무스는 휑뎅그렁했다. 젊은 남자가 큰 개와 함께 걷고 있는 모습이 눈에 들어왔다. 잠시 후, 남자가 개에게 작은 공을 던져 주자 개가 그 공을 발 빠르게 잡으러 갔다.

"이모, 우리 저곳으로 내려갈 거야? 나 개는 딱 질색이야. 게다가 개똥은 더욱더 싫어."

언니가 얼굴을 찌푸리며 말했다. 언니는 아침이 되자 굳은 결심이라도 했다는 듯 머리를 털더니 입을 열기 시작했다. 지나치게 말이 많아졌다. 가탈 언니 아니랄까 봐 사사건건 시비를 걸기도 했다. 말을 안 하는 것보다 시비를 거는 편이 낫긴 하다.

이모가 피식 웃으며 말했다.

"나도 개똥은 싫거든. 그런데 여기까지 와서 걷지 않고 그냥 가면 아쉽지 않겠어? 역사적인 장소인데."

이모는 그 말을 하면서 바로 설명을 시작했다.

"키르쿠스 막시무스란 문자 그대로 '최대의 경기장'이란 뜻으로 이탈리아 사람들은 '치르코 마시모'라고 불러. 고대 로마 인들은 중앙 분리대가 있어서 그 주위로 마차가 회전할 수 있으면 키르쿠스라고 했고, 중앙 분리대가 없으면 스타디움이라고 불렀어. 로물루스가 로마를 세울 당시 팔라티노 언덕과 아벤티노 언덕 사이의 골짜기는 늪지대였대. 로물루스는 바로 이 늪지대 언저리의 평지에서 축제를 벌였는데, 그 행사 중에 말 달리기 경주가 있었어. 로물루스는 이 축제에 이웃 민족인 사비니 인들을 초대해 놓고는 사비니 여인들을 납치했어. 제5대 왕 타르퀴니우스 프리스쿠스는 이 골짜기에 배수 공사를 해서 경기장을 만들었는데, 이것이 바로 키르쿠스 막시무스 건설의 시초가 되었어. 훗날 율리우스 카이사르는 이 경기장을 대대적으로 확장했단다. 그 후, 아우구스투스는 기원전 10년에 이집트에서 가져온 람세스 2세의 오벨리스크를 중앙 분리대 위에 세웠대. 로마 제국이 한창 번영했을 때는 규모가 더 확장되어 자그마치 30만 명의 관중을 수용할 수 있었지 뭐니! 이 주변에 수많은 상점과 음식점 들이 자리 잡고 있었는데, 64년, 네로가 로마를 다스렸을 때 바로 이곳에서 발생한 화재가 삽시간에 전 시가지로 번져 로마를 시뻘겋게 불태우고 말았어. 하지만 68년에 다시 사용했다니 빠른 시

팔라티노 언덕 정상에서 바라본 키르쿠스 막시무스

일 안에 복구했다는 것을 알 수 있지."

나는 네로의 이름을 듣고 인상을 썼다. 고양이 이름으로 제격인 '네로'에서는 도무지 황제의 이미지를 느낄 수 없다. 로마 시가 불타는 것을 보고 시를 읊었다고 하던데, 미치광이 황제임에 틀림없다. 비록 그 이야기가 후세에 만들어진 것이라고 해도 스승과 엄마까지 죽인 사람이니 미치광이라는 말을 들을 법도 하다.

이모가 내 생각을 알아차리기라도 했다는 듯 잠시 말을 끊고 나를 살펴보았다.

"…… 여하튼 로마의 황제들은 키르쿠스 막시무스를 애지중지했는데, 민심을 잡을 수 있는 곳이자 백성들의 불만을 다른 데로 돌릴 수 있는 곳이기 때문이었대. 오늘날에도 월드컵 같은 큰 경기가 열리면 국민들이 경기에 열광하느라 나랏일에 관심을 덜 갖잖아. 그것도 비슷한 경우겠지. 이곳에서는 4마리의 말이 끄는 전차가 트랙을 일곱 번 빨리 도는 경주가 많이 열렸어. 전차를 끄는 말은 보통 2마리, 4마리일 때도 있고 말 대신 타조나 낙타가 끌기도 했대. 초록, 빨강, 하양, 파랑 팀이 있어서 사람들이 전차 팀을 나타내는 기수를 보고 자기가 선택한 전차를 응원할 수 있었대. 매 경주마다 일곱 바퀴를 돌아야 했으니까 대략 8킬로미터를 달리는 셈이었어. 한 경기에 참가하는 전차는 모두 12대였고. 아 참, 너희들 비행기 안에서 '벤허'라는 영화 봤지?"

나는 이모가 명령해서 반강제로 「벤허」를 봤다. 그 영화를 봐 두어야 로마에서 만나는 유적지에서

피에트로 다 코르토나의 「사비니 여인들의 납치」(1627~1629년)

''벤허' 보기를 잘했구나'라고 감탄을 할 것이라는 이모 말 때문이었다. 고전 영화 목록에서 「벤허」를 찾아 전혀 재미없이 보기 시작했다. 남자 주인공이 전혀 내 스타일이 아니었는데도 다행히 영화에 몰입할 수 있었다. 주인공이 노예로 끌려가다 목마름에 지쳐 쓰러지려는 찰나 예수님이 건넨 물로 목을 축일 때, 내 목이 펑 뚫리는 느낌을 받았다. 나중엔 눈물까지 훔쳤다.

이모는 내가 느꼈던 감동을 눈치라도 챘는지 약간 들뜬 목소리로 말했다.

"짜무, 그 영화에서 전차 경기하는 것 볼만하지 않았니? 그런 전차 경기가 바로 이곳에서 열렸어."

순간 내 귀에는 자기 팀을 응원하는 사람들의 고함 소리가 울려 퍼졌다. 귀가 따가울 정도였다. 빠르게 먼지바람을 일으키며 달려가는 말과 상대편의 전차에 부딪혀 땅으로 떨어져 온몸이 피와 흙으로 범벅이 된 사람의 모습이 보여 나도 모르게 눈을 질끈 감았다.

이모가 다시 말을 이었다.

"당시의 전차 경기 선수들은 오늘날의 자동차 경주 선수나 축구 선수처럼 대단한 인기를 누렸대. 돈도 엄청 많이 벌었다지. 그런데 이곳은 549년에 마지막으로 사용하고 이후로는 사용하지 않고 있어. 너희가 지금 본 대로 로마 사람들이 개를 데리고 산책을 하거나 조깅을 하는 곳이 되었지."

나는 생각난 것이 있어 급하게 말을 이었다.

"이모, 그 당시 전차마다 독특한 색칠을 했는데 빨간색의 전차는 군신 마르스를 수호신으로 삼았고, 파란색은 바다의 신 넵투누수를 상징했대. 흰색은 유피테르를 뜻하고 황제를 뜻하기도 했대. 미의 여신 베누스는 녹색 전차를 지켜 준다고 했고."

내 말에 언니가 얼른 끼어들었다.

"그래서 내가 녹색을 좋아하는구나."

"으웩!"

나는 토하는 시늉을 했다.

언니의 말이 끝나자마자 기다렸다는 듯 비가 내리기 시작했다. 나는 배낭에서 우산을 꺼냈다.

"자, 이제 카라칼라 목욕장으로 가자. 여기서 걸어서 10분에서 15분 정도 가면 돼."

갑자기 언니가 소리를 쳤다.

"이못! 그거 무리야. 빗길을 그렇게 걸으면 15분이 20분, 아니 30분이 될 수 있어. 아이, 난 빗길 걷는 것 정말 짜증 나!"

나는 언니를 보고 피식 웃었다. 내가 컸나, 아님 여행이 나를 성숙하게 해 주었나?

생각보다 빗길을 걷는 일은 쉽지 않았다. 겉옷이 젖기 시작했다. 운동화 위로도 비가 스며들었다.

카라칼라 목욕장 앞에 섰을 때 마치 오디세우스가 만난 외눈박이 괴물의 집을 보는 것 같아 소름이 돋았다. 무서운 고요가 스며 있었다. 비 오는 소리가 공포감을 더했다.

입장권을 사는 곳에서 말쑥하게 생긴 아저씨가 웃으며 반기지 않았더라면 정말 괴물의 집으로 들어서는 기분이었을 것이다.

나는 아저씨의 정다운 목소리에 큰 소리로 화답했다.

"그라지에(고마워요)."

넓은 목욕탕에는 우리 빼고 두세 사람만 보일 뿐이었다. 하기야 이렇게 세차게 비가 오는데 누가 유적지를 찾을까? 이모처럼 유적지에 미치지 않고서야. 비에 젖어 온몸이 으슬으슬 한기가 돌았다.

언니는 카라칼라 목욕장의 모습을 담기에 여념이 없었다. 차라리 언니가 저렇게 뭔가 하는 것이 나아 보였다. 멍하니 허공을 바라보고 있으면 혹시 왕따당한 슬픔에 저러나 하는 안타까움이 들어 마음이 먹먹해지니까.

카라칼라 목욕장

잠깐 비를 피할 수 있는 공간이 있었다. 우리 셋은 우산을 접고 주변을 둘러보았다.

"우리 금무가 오랜만에 이곳에 대해 설명을 하면 어떨까?"

이모 말에 금무 언니가 어깨를 으쓱 올리더니 싫지 않은 표정을 지었다.

"좋아, 내가 근사하게 설명해 보지. 카라칼라 목욕장은……."

언니는 연도가 기억나지 않는지 수첩을 보았다. 우훗, 우리나라 최고 대학의 학생도 저렇게 수첩을 보니까 왠지 나와 같은 보통 사람 냄새가 느껴진다.

"…… 211년에 짓기 시작해 216년에 목욕장의 중앙 쪽을 완성하면서 문을 열었는데, 로마 사상 최대 규모였대. 그 당시 로마에서는 아무리 가난한 사람이라도 공공 목욕장에서만큼은 부자들과 똑같이 삶의 즐거움을 만끽할 수 있었대. 입장료가 아주 싸거나 아예 없었기 때문이래. 이곳은 목욕뿐 아니라 경기장, 운동 시설, 공연장, 산책로, 거기다 도서관까지 갖추어져 있었대. 우아! 목욕 후에 책까지 읽으라는 배려! 고대 로마 인들, 굉장한 문화인 아니야? 때 빼고 머리에는 지식 채우고! 멋지다! 그런데 예술품까지 감상할 수 있었다네! 눈까지 즐거워하라고!"

아예 언니는 목욕장을 둘러보며 감탄을 쏟아 내기에 바빴다.

"짜무, 너도 목욕하러 가서 아이스크림 사 먹을 생각만 하지 말고 책 읽을 생각해라."

쓸데없이 내 이야기는 왜 하는지. 나는 언니를 살짝 흘겨보았다. 그래도 언니가 농담하는 것이 안심이 되었다. 쓸쓸한 표정을 짓는 것보다는 천배 만 배 나으니까.

"암튼 이곳에서 사람들은 친구들이나 새로운 사람들을 만날 수 있었고, 정치나 사회 문제를 토론할 수 있었대. 카라칼라는 목욕장에 물을 공급하기 위하여 새로운 수로를 세웠대. 지금 우리가 보고 있는 열탕실에는 높고 커다란 유리창이 나 있었는데, 오후 태양빛을 안으로 받아들여 온실 효과를 최대한으로 얻기 위한 것이었대. 그런데 목욕장의 물을 데우려면 많은 땔감이 필요했대. 그 당시 땔감은 주로 장작이었는데, 그것 때문에 많은 산림이 훼손되었대. 그것은 참 아쉬운 면인 것 같아. 카라칼라 목욕장은 한 번에 1600명을 수용할 수 있었고, 하루에 평균 5000명이 목욕을 즐길 수 있었다지. 그러니까 이렇게 생각하면 맞을 것 같아. 카라칼라 목욕장은 하나의 작은 도시라고 말이야. 그런데 이렇게 엄청나게 크고 화려했던 카라칼라 목욕장도 로마 제국이 서서히 멸망의 길로 들어서자 수로 관리를 제대로 하지 못했어. 결국 537년에 게르만계 부족인 고트족이 로마를 포위할 때 수로가 완전히 끊겨 폐허가 되고 말았대. 그러니까 무작정 짓지만 말고 지어 놓은 후의 일을 생각해야 할 것 같아. 난 앞으로 그런 건물을 짓고 싶어."

언니의 설명에 이모와 나는 손나팔을 불며 환호했다. 언니는 자신이 로마의 황제나 된 것처럼 한 손을 위로 들어 흔들었다.

이모가 조용히 덧붙였다.

"로마의 귀족들은 아트리움과 정원, 수도 시설을 갖춘 도무스라는 저택에 살았단다. 인구가 많아지고 게다가 주택이 부족해지자 서민들은 공동 주택인 인술라에 살았어. 1층은 주로 상점이었고, 2층은 형편이 나은 사람들이 살았는데, 고층으로 올라갈수록 가난한 사람들이 살았어. 로마는 다른 지역에 비해서 주택 임대료가 비쌌기 때문에, 집주인은 높은 고층 건물을 지으려고 했지. 하지만 화재와 붕괴 사고가 자주 일어나 아우구스투스 황제는 21미터가 넘는, 지금 건물로 치면 6층 이상 건물은 짓지 못하도록 법을 만들기도 했어. 가난한 사람들의 집에는 화장실도, 욕실도, 주방도 갖추지 못했어. 그래서 공공 목욕장이 만들어진 것인지도 몰라. 하루의 일과를 마치고 공공 목욕장에서 친구를 만나 목욕을 하며 쌓인 피로를 풀고, 미술 작품을 관람하고, 게임과 운동을 하고, 책을 읽었지."

카라칼라 목욕장 내부

우리는 입구를 향해 걸어 나왔다. 그곳의 넓은 공간이 공연하기에 맞춤해 보였다.

이모가 말했다.

"이곳에서 푸치니의 오페라 '투란도트'가 열리기도 했어. 이곳에서는 지금도 많은 공연을 한단다."

나는 조용히 눈을 감았다. 내가 관객이 되어 오페라를 보고 있는 듯한 착각이 생겼다. 음악 소리가 카라칼라 목욕장의 벽에 부딪혔다 내 귀로 들어온다. 은은한 조명이 벽을 만진다. 이곳은 외눈박이 괴물의 집이 아니라 음악으로 목욕하는 곳이 된다. 내 몸만 목욕하는 것이 아니라 내 마음도 목욕하는 것처럼 가뿐해진다. 역시 유적지에서는 상상의 나래를 맘껏 펼칠 필요가 있다.

여전히 비는 땅을 때리고 있었다.

카라칼라 목욕장(Terme di Caracalla)

- Viale delle Terme di Caracalla, Roma
- 지하철 메트로 B선 치르코 마시모(Circo Massimo) 역 하차, 버스 118, 160, 628번
- 39-06-39967700
- 9:00~18:30 (월요일은 14:00까지) (휴무) 1/1, 4/9, 12/25
  ※ 사정에 따라 관람 시간과 휴무가 바뀌니 주의!
- 17세 이하 무료, 성인 6유로
- 카라칼라 목욕장 오페라 예약 www.operaroma.it

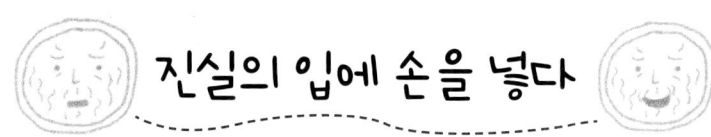
진실의 입에 손을 넣다

"아, 이번 여행에서는 비와 엄청 많이 친해져야겠네! 어차피 맞아야 할 비라면 기쁘게 맞아들여야지."

이모가 정말 달라졌다. 이모는 물을 싫어했다. 쌍둥이 남동생과 함께 물놀이를 하다 동생이 죽은 후로 이모는 물에 대한 트라우마가 생겼다. 이모는 물과 관련된 것들을 다 싫어했다. 특히 흘러가는 강물이나 냇물을. 작년 피렌체 여행에서 이모는 내게 그 사건을 다 털어놓았다. 그래서였을까? 이모는 이번 여행에서 물과 관련된 것들에 대해 전혀 두려워하지 않았다. 도리어 비와 친해지겠다고까지 말하는 것을 보면 물이 더 이상 상처가 아닌 것이 확실하다.

내가 친구들에게 미리 이렇게 말하는 것과 다름없다.

"나 수학 못해. 그리고 키가 조금 작은 편이지. 그래도 괜찮아."

내가 내 자신을 펼쳐 보여 주면 신기하게도 그것은 더 이상 나의 약점이 되지 않는다.

이모와 함께 길을 따라 걸어간 곳은 포룸 보아리움이었다. 언니는 느린 걸음으로 생각에 잠겨 이모와 내 뒤를 따라왔다. 우리와 함께 동행하기보다는 혼자 여행 온 사람처럼 느껴졌다. 얼굴이 밝지 않았다.

어젯밤에 승숙 언니가 한 말이 궁금했다. 어쩌면 언니는 그 말을 곱씹고 있는지 모른다.

이모는 언니가 다가오기를 기다려 말을 이었다.

"카피톨리노, 팔라티노, 아벤티노 언덕으로 둘러싸인 강변 지역을 고대 로마 인들은 '포룸 보아리움(포로 보아리오)'이라고 불렀어. 문자대로 해석하면 '작은 시장'인데, 이 지역은 주변에 살고 있던 라틴 인, 사비니 인, 에트루리아 인 들이 무역을 하던 곳이었어. 로물루스는 바로 이 지역을 관할하는 곳에 나라를 세웠으니 길목 좋은 곳에 자리를 잡은 셈이지. 포룸 보아리움 지역에는 헤라클레스 신전이 있는데……. 잠깐, 헤라클레스는 누구인지 아

진실의 입

니?"

이모는 그 말을 하면서 손가락으로 나를 가리켰다.

"그리스 신 제우스와 인간 여자인 알크메네 사이에서 태어난 힘이 장사인 사람이야. 헤라클레스는 제우스의 아내인 헤라 여신에게 미움을 받아 그녀가 내린 광기로 자기 자식을 죽이고 말았지. 헤라클레스는 나중에 헤라가 벌로 내린 열두 개의 모험을 마치고 신이 돼. 그는 그리스의 네메아에서 잡은 사자의 가죽을 머리에 쓰고 다녔고, 도깨비 방망이처럼 생긴 몽둥이를 들고 다녔어."

언니가 놀란 눈으로 나를 쳐다보았다.

이모가 내게 손가락으로 브이(V) 자를 만들어 보이며 이야기를 계속했다.

"이 지역에서 가장 흥미 있는 장소는 바로 '진실의 입'이라고 하는, 강의 신 플루비우스의 얼굴 모습을 한 둥근 대리석 판이 새겨진 벽이야. 지금 우리가 보고 있는 것이지. 영화 '로마의 휴일'을 통해서 잘 알려진 곳이란다. 진실의 입은 거짓말하는 사람이 그곳에 손을 넣으면 그 손을 삼켜 버렸다는 전설이 있어. 진실의 입이 원래는 하수구 맨홀 뚜껑이었다는 설도 있지만 확실한 것은 아니래. 진실의 입은 그리스에서 수입한 대리석으로 만들었는데, 분수의 입 부분으로 추정하는 사람도 있어. 진실의 입이 있는 이곳은 산타 마리아 인 코스메딘 성당이야."

나는 수첩에 '보카 델라 베리타(진실의 입)'라고 썼다. 그러곤 간단하게 그림을 그랬다. 호빵 같은 얼굴에 두 눈이 뻥 뚫린 모양이 놀란 사람의 모습 같기도 해 웃음이 나왔다.

워낙 유명한 곳이라 항상 사람들로 북적이는 곳이라고 하는데, 비가 오는 까닭인지 사람들이 많지 않았다. 사람들은 줄을 서서 자신의 차례가 되면 진실의 입에 손을 넣고 놀란 표정을 지으며 기념사진을 찍었다.

이모가 줄 뒤에서 나지막이 말했다.

"'로마의 휴일'이라는 영화 때문에 유명해져 많은 사람들이 찾는 명소가 되었어. 하지만 보다 중요한 유적지는 2000년 전에 세워진 헤라클레스 신전과 그 옆에 있는 포르투누스 신전이야. 포르투누스 신전은 뱃사람들의 안전을 기원하기 위해 세워진 신전이지."

진실의 입이 있는 산타 마리아 인 코스메딘 성당

분수를 중심으로 왼쪽이 헤라클레스 신전, 오른쪽이 포르투누스 신전

이모는 그 말을 하면서 손가락으로 앞을 가리키며 말했다.

"앞에 보이는 것이 헤라클레스 신전이지. 로마는 상인들에게 보호세라는 명목으로 헤라클레스 제단에 헌금을 하게 해서 큰 수입을 올렸대."

아담하게 보이는 원통형 모양의 신전이 바로 헤라클레스 신전이다. 헤라클레스의 몸을 닮은 것처럼 탄탄해 보였다.

드디어 우리 차례가 되었다. 언니는 진실의 입 안으로 손을 들이밀었다.

내가 얼른 언니에게 물었다.

"언니, 지금 행복해?"

내 말에 언니가 잠깐 고개를 갸웃거렸다.

"솔직하게 말해. 안 그러면 언니 손목 잘려!"

순간 언니가 움찔했다. 그 순간을 놓치지 않고 이모가 사진을 찍었다.

"언니, 누구 좋아하지?"

내 말에 언니는 얼른 손을 뺐다. 언니 얼굴이 창백해졌다. 몹쓸 기억을 털어 내려는 듯 몸을 털었다. 그러더니 내게 소리를 고래고래 질러 댔다.

"야, 짜무!! 쪼끄만 게 쓸데없는 질문하지 맛! 경고하는데 앞으로 그따위 질문하면 그냥 두지 않겠어."

으악! 그동안 쌓인 화풀이를 내게 하는 것 같았다.

이모가 우리 둘을 바라보더니 씨익 웃었다.

"와! 비가 그쳤네! 비가 와도 좋고 안 와도 좋고!"

언니가 빼롱 소리를 질렀다.

"이모, 그 말 마음에 안 들어. 이것도 아니고 저것도 아니고!"

내가 맞받아쳤다.

"언니도 여행을 많이 다니다 보면 이모처럼 마음이 너글너글해질 거야."

"너…… 쪼끄만 게 뭘 안다고!!"

차라리 언니가 소리를 지르는 게 나았다. 시무룩하게 있는 것보단.

이모가 우리를 향해 큰 소리로 말했다.

"자, 이제 전철 타고 콜로세움 옆에 있는 도무스 아우레아, 네로의 황금 궁전으로 가자. 한 정거장만 이동하면 된다!"

언니와 내가 동시에 외쳤다.

"이모, 점심은?"

"전철역 근처에서 간단히 해결하자."

나는 먹는 것 앞에서는 예민하다. 특히 점심을 먹는 둥 마는 둥 하는 것은 정말 짜증 난다.

"으씨, 얼마나 걸었는데……. 맛난 것 먹고 싶어."

언니가 외쳤다.

"콜!"

언니와 모처럼 마음이 맞았다.

다행히 비는 그쳤다. 언니 마음처럼 비는 엄청 변덕을 부렸다.

산타 마리아 인 코스메딘 (Santa Maria in Cosmedin)

- Piazza della Bocca della Verità, 18, 00186, Roma
- 걷지 않고 버스로 바로 가려면 44, 83, 170번을 타고 보카 델라 베리타(Bocca della Verità) 정류장에서 하차하여 도보로 1분
- 39-06-6787759
- 10:00~17:00
  ※ 사정에 따라 관람 시간과 휴무가 바뀌니 주의!
- 무료

네로 황제는 엄청 사치스러웠다

키르쿠스 막시무스에서 콜로세움까지는 전철로 한 정거장이었다. 다시 콜로세움의 얼굴을 가까이서 보게 되었다. 괴테의 말이 실감났다. 로마 어디에서든지 콜로세움의 얼굴을 본다고 했는데, 게다가 콜로세움은 나날이 크고 있다고. 곰곰이 생각해 보니 그 말이 딱 맞다! 어느새 콜로세움이 나한테 큰 존재가 된 게 틀림없다. 콜로세움이 내게 크게 다가오니 말이다.

네로 황제의 궁전이 있던 자리는 공원이 되었다. 운동복을 입고 뛰는 사람들의 모습이 보였다.

'Domus Aurea(도무스 아우레아)'라는 표지가 보이자, 이모는 네로가 어떻게 황제가 되었는지 쉬지 않고 이야기를 계속했다. 언니는 맛없는 점심을 먹었다고 툴툴거리면서 그 속상함을 운동하는 사람들에게 쏟아 냈다.

"저 사람들은 뛸 힘이 남아 있어서 좋겠네. 맛없는 점심 먹고 언덕을 오르자니 짜증이 나네. 이럴 땐 파전이나 김치전이 최고인데! 안 그래, 짜무?

도무스 아우레아 입구의 표지판

❶ 도무스 아우레아 정원 ❷ 칼리굴라 황제가 이집트에서 가져온 오벨리스크. 현재 베드로 광장에 있다.

오늘 저녁 파전 먹으러 가는 것 어때?"

나는 언니를 보면서 작년에 피렌체에서의 내 모습을 떠올렸다. 언니의 모습이 딱 내 모습이다.

이모는 언니의 말에 상관하지 않고 이야기를 들려주었다. 『열두 명의 카이사르』, 『로마 역사의 길을 걷다』 책에서 읽어 알고 있는 이야기다.

아우구스투스는 로마 제국의 초대 황제다. 그 뒤로 티베리우스 황제가 뒤를 이었다. 그다음에 제3대 황제는 미치광이 황제로 불리는 칼리굴라다. 그는 자신을 신처럼 생각했다고 한다. 그는 백성들의 마음을 사로잡는 일에 신경을 써서 티베리우스 황제가 금지했던 검투사 시합도 열었고, 이집트에서 오벨리스크를 가져와 자신이 만든 개인 경기장 한가운데에 세워 두었다. 하지만 지금 그 오벨리스크는 베드로 대성당 광장 한가운데에 세워져 있다. 그는 건설을 하도 많이 해서 나라 경제를 바닥냈으며, 보통 사람이 할 수 없는 미친 짓과 잔인한 짓을 하다 결국엔 황제 근위대에게 암살당했다.

암살 현장에는 그의 삼촌 클라우디우스가 숨어 있었는데, 보통 그를 '겁쟁이'라고 불렀다. 클라우디우스는 다리를 저는 데다 멍청한 사람으로 여겨졌지만 근위대는 그를 황제로 세웠다. 그런데 그는 전혀 멍청한 사람이 아니었다! 엄청난 독서량과 에트루리아의 역사에 관한 책을 쓸 정도로 학식이 깊었다. 그는 이탈리아

클라우디우스 수로

중부 오스티아에 새로운 항구를 건설했고, 칼리굴라가 미완성으로 남긴 공공시설의 완공에 힘을 기울였다. 그래서 완성된 것이 아쿠아 클라우디아, 즉 클라우디우스 수로다.

클라우디우스 황제는 행실이 나빴던 자신의 아내가 근위대에게 죽임을 당하자 그의 형 게르마니쿠스의 딸 아그리피나와 결혼하게 되었다. 아그리피나의 꿈은 오로지 아들을 로마 제국의 황제 자리에 앉히고 뒤에서 권력을 휘두르는 것인데, 그 목적을 위해서 수단과 방법을 가리지 않았다. 그래서 자신의 아들인 네로를 클라우디우스 황제의 양자로 만든 다음 그의 어린 딸 옥타비아와 강제로 결혼시켰고, 클라우디우스 황제를 몰래 독살했다고 전해진다. 아그리피나의 야심대로 네로는 17세의 나이로 로마 제국의 제5대 황제가 되었다.

와, 이 정도면 내 머리도 괜찮은 편인 것 같다. 수학과 과학이 약해서 아쉽지만.

우리는 도무스 아우레아의 흔적이 남아 있는 궁전으로 들어가는 입구에서 멈췄다. 문이 잠겨 있었다. 현재 발굴 공사를 하고 있어서 가이드의 안내로 주말만 볼

도무스 아우레아 황금 궁전으로 들어가는 입구

수 있다고 한다. 기운이 빠졌다.

언니가 소리쳤다.

"뭐야! 혹시 네로가 심술부리는 것 아냐? 정말 마음에 안 드네!"

언니는 자신의 마음이 불편한 것을 엉뚱한 곳에다 풀었다.

우리는 입구에 서서 이모의 설명을 들었다.

"네로가 황제에 오른 지 10년이 되던 해인 64년 7월 18일 밤, 로마에 대화재가 발생했어. 불길은 대경기장 키르쿠스 막시무스에서 시작하여 팔라티노 언덕, 첼리오 언덕으로 번졌단다. 불길을 막을 만한 시설을 갖춘 신전이나 저택 들이 하나도 없었기 때문에 불길은 키루쿠스 막시무스 바닥 층에서 시작해 팔라티노 언덕 위로 번지기 시작하더니 언덕 너머 아랫마을로 번졌지 뭐냐! 무시무시한 불길이 마을을 다 불태우자 망연자실한 채 불길만 바라보다 죽음을 선택한 사람이 많았대. 아무도 불길과 감히 싸우지 못했다는 거야. 네로는 그때 로마 외곽 지역인 안티움에 있었는데, 불길은 그의 궁전을 포함해서 팔라티노 언덕까지 모두 휩쌌대. 네로는 로마로 돌아와 로마 시민들을 위해 공공건물과 자신의 정원을 사용하도록 했고 곡식의 가격을 엄청 낮추었지만, 사람들은 전혀 감사하지 않았대. 왜냐하면 로마가 불에 타고 있을 때, 네로가 자기의 개인 무대에 올라서서 이 재앙을 고대의 트로이와 비교하며 '불타는 트로이'를 노래했다는 소문이 퍼졌기 때문이야. 심지어 네로가 새 도시를 건설하기 위해서 로마를 불태웠다는 소문까지 퍼졌지 뭐냐!"

네로 황제의 두상

나는 이모의 이야기를 들으면서 매표소 사진에 남아 있는 네로 궁전의 모습에 상상을 덧대 왕궁을 그려 냈다.

"하여튼 대화재가 수습된 후 네로 황제는 로마를 완전히 현대적인 도시로 탈바꿈하려고 계획했어. 또한 이 기회에 이전의 궁전보다 더 큰 궁전을 짓기로 결정하고 팔라티노 언덕과 에스퀼리노 언덕뿐 아니라 첼리오 언덕까지 궁전을 확장했는데, 그 면적이 현재의 바티칸보다도 훨씬 더 넓었대."

언니는 갑자기 빼롱 소리를 질렀다.

"정말 네로 황제, 바보 아니야! 백성들은 집을 잃고 망연자실한데 그렇게 큰 궁전을 짓는 게 지도자가 할 일 맞아?!"

모처럼 언니가 맞는 말을 했다. 나는 언니에게 찬성한다는 표시로 손을 흔들어 주었다.

이모가 씨익 웃으며 말을 계속했다.

"새로운 궁전 도무스 아우레아는 4년 만에 대부분 완성되었어. 로마 전기 작가인 수에토니우스의 기록에 의하면, 도무스 아우레아 안은 초호화판으로 모두 금과 보석으로 장식되어 있었대. 특히 넓고 둥근 연회실은 천장이 상아로 장식되어 있는데, 회전이 가능하여 돌아갈 때마다 꽃잎과 향수가 연회석상으로 떨어지도록 했대. 네로는 그리스 문화에 심취해 있어서 그리스 조각 수집광이기도 했다지. 현재 바티칸 미술관에 보관되어 있는 헬레니즘 시대의 조각 라오콘은 네로가 도무스 아우레아에 갖고 있던 작품으로 여겨지고 있대."

나는 이모의 말을 잠깐 끊었다.

"와! 이모, 바티칸에 가면 라오콘 조각 실제로 볼 수 있는 거지? 나 그 사람 나름 좋아해. 트로이 사람들이 그 사람의 말을 들었더라면 트로이는 불바다가 되지 않았을 거야."

언니가 내게 눈을 치켜뜨며 물었다.

"요 쪼끄만 짜무가 제법 아는 게 많네? 라오콘이 누구야?"

나는 이모의 말을 끊은 것이 미안해 이모의 얼굴을 쳐다보았다. 이모가 내게 설명하라는 뜻으로 고개를 끄덕였다.

"이모, 바티칸의 미술관에 가서 말할게."

"짜무, 좀 아는 모양이네. 공부는 안 하고 역사에 관한 책만 읽었구나. 얼마나 잘 설명할지 기대해 보지."

엄청 짜증이 났다. 아무리 속이 꼬여 있어도 그렇게 말하는 것은 영 아닌 것 같았다. 내 마음을 알아챘는지 이모가 내 등을 토닥이며 귓엣말을 했다.

"네 언니 어제 일로 힘든 모양이다. 아직 안 풀린 모양이야. 네가 참아."

그래, 어차피 로마로 역사 여행을 온 것이니까 본질에 충실하자는 생각으로 마음을 다독거렸다.

"이모, 마저 설명해 줘."

"그래. 도무스 아우레아는 도시 안에 있는 또 다른 도시로 숲, 들, 연못 따위를 갖춘 시골풍의 도시였어. 로마에는 바다가 없기 때문에 도무스 아우레아 아래에 인공 호수가 펼쳐지게 했어. 그리고 호수 옆에 네로 황제의 거대한 금빛 동상 콜로수스가 세워졌지. 68년, 네로가 자살한 후 잠시 황제에 올랐던 오토 황제와 비텔리우스 황제가 도무스 아우레아에서 살았어. 그러나 베스파시아누스 황제 때부터 도무스 아우레아의 운명은 달라졌단다. 인공 호수 자리에는 거대한 콜로세움이 세워지기 시작했고, 그 해에 도무스 아우레아가 헐리고 그 자리에 티투스 황제의 목욕장이 세워졌으며, 후세에는 그 옆에 거대한 트라야누스 황제의 목욕장이 세워졌어. 15세기 말, 땅속에 묻혀 버린 도무스 아우레아의 흔적을 찾기 위한 노력이 시작되면서 유적 안에 들어가 볼 수 있게 되었는데, 과거의 화려했던 모습은 사라졌지 뭐냐. 하지만 도무스 아우레아의 실내 벽화와 장식을 보고 사람들의 눈이 휘둥그레졌는데, 동굴이 되다시피 한 실내에는 당시의 벽화나 장식들이 군데군데 남아 있기 때문이야."

언니는 이모의 설명에 귀 기울이지 않고 멍하니 콜로세움의 옆얼굴을 보고 있었다. 그러나 눈은 전혀 다른 생각을 하고 있는 것 같았다.

도무스 아우레아 실내 모습

도무스 아우레아 옆의 언덕에서 보면 콜로세움의 옆얼굴이 또렷이 보인다. 앞

모습과는 또 다른 모습이다. 네로가 살아나서 콜로세움을 본다면 무엇이라고 말할까? 자신의 커다란 동상 또한 없다. 인공 호수에 세워진 콜로세움의 모습을 보면서 자신이 한 일이 헛되고 헛되니 헛되도다, 라고 읊조릴까?

우리는 도무스 아우레아를 뒤로하고 언덕길을 내려왔다.

"자, 이제 트라야누스 포룸과 시장터로 가자."

언니가 삐딱한 자세로 툭 던지듯이 물었다.

"걸어갈 거야?"

"오른쪽으로 방향을 틀어 10분쯤 걷다 보면 우리의 목적지가 보이지."

언니는 인상을 맵게 썼다.

이모는 콜로세움을 보면서 잠깐 걸음을 멈추고 말했다.

"콜로세움에 서면 또 한 명 생각나는 황제가 있어. '명상록'을 쓴 철학자 황제인 마르쿠스 아우렐리우스의 아들, 코모두스야. 그는 11세부터 전쟁터를 따라다니며 통치자 훈련을 받았고, 16세 때 아버지와 함께 공동 황제가 되었어. 180년, 아버지가 전쟁터에서 갑자기 죽자 코모두스는 황제가 되었지. 그런데 그는 점점 포악해지기 시작했어. 자기 아버지와 비교당하는 것이 싫어 아버지와 친분이 있는 사람들을 다 죽이고 말았지. 그는 헤라클레스처럼 아무도 넘볼 수 없는 존재가 되고 싶어 했어. 그래서 맹수를 콜로세움으로 운반해 와서 사람들이 보는 앞에서 죽이는 쇼를 했지 뭐냐. 코모두스는 직접 검투사 복장을 하고 투구와 방패로 무장한 뒤, 상대는 커다란 그물과 삼지창만 사용하게 하는 불공정한 경기도 했는데, 승리는 항상 자신이었지. 그는 점점 광기가 가득해졌어. 결국 그가 사랑하는 첩이 건넨 독이 든 포도주를 마시고 독이 퍼졌을 때, 숨어 있던 레슬링 선수가 나와 그의 목을 졸라 죽게 되었대. 그의 나이 31세였다지."

이모의 말을 듣고 보니 콜로세움 안에 담겨 있는 많은 역사적 사건들이 건강한 것은 거의 없다는 생각이 들었다. 황제의 권세를 과시하기 위해 건물을 세웠고, 백성들의 정치에 대한 관심을 다른 곳으로 돌리고자 맹수와 검투사 경기에 미치게 했고, 코모두스 황제 같은 사람은 자신이 검투사 복장까지 하고 경기에 나갔으니.

도무스 아우레아 (Domus Aurea)

- Via della Domus Aurea, 1, 00184, Roma
- 39-03-39967700
- 토~일요일 9:00~17:00. 가이드를 동반한 투어만 가능
  ※ 사정에 따라 관람 시간과 휴무가 바뀌니 주의!
- 10유로(6세 이하 무료)

 트라야누스 시장터에서 언니와 다투다

우리 셋은 콜로세움 옆으로 똑바로 나 있는 임포리얼 거리를 걸었다. 이 길 오른편에 트라야누스 포룸(포로 트라이아노)과 원기둥이 있기 때문이다.

임포리얼 거리는 무솔리니(1922년 쿠데타로 이탈리아 정권을 획득하고 독재 정치를 한 정치가) 때 만들어졌다고 한다. 예전에 포룸 로마눔은 하나로 이어져 있었는데 무솔리니가 그 위로 도로를 놓으면서 생긴 길이라고 이모가 설명했다.

그래서 우리는 트라야누스 포룸을 위에서 보고 있는 것이다. 둥그렇게 벽이 둘러쳐져 있는 트라야누스 시장터도 역시 몇 번 보고 지나친 것이다. 지나칠 때마다 '저건 뭐지?'라고 생각했는데 경험 많은 이모가 딱 집어 주니까 고개를 끄덕이게 된다.

이모가 묵묵히 땅만 바라보고 있던 언니에게 말했다.

"어때, 우리나라 최고의 대학에 들어간 금무 조카님께서 설명해 주면 영광이겠는데?"

언니가 이모를 향해 앙칼지게 쏘아 댔다.

"이모, 그거 비웃는 말이지?"

이모가 손사래를 치며 말했다.

트라야누스 포룸

"아니, 진심!"

"좋아! 콜. 받아들이겠어. 안 그래도 무슨 말이든 마구 지절거리고 싶었거든."

언니가 트라야누스 황제에 대해 좔좔좔 설명을 시작했다.

"도미티아누스 황제가 피살당하자 원로원이 곧바로 나이가 많은 원로 의원 네르바를 황제로 추대했다는 것, 짜무, 혹시 알고 있어?"

기분 나쁘다. 하필 어려운 것을 나에게 물어볼 것은 무언지. 피, 나는 입술을 비죽였다.

"네르바는 1년 6개월 동안 황제로 있다, 죽기 세 달 전에 40세의 트라야누스 장군을 양자로 삼아 후계자로 삼았지. 오직 능력과 가능성만을 본 거야. 황제로 추대받은 트라야누스는 호위병도 없이 마주치는 시민들과 얘기도 나누면서 로마 시내 중심부로 걸어 들어왔대. 와, 엄청 강심장 아니야? 남자가 이 정도는 돼야지!"

으잉, 저 소리는 내가 즐겨 쓰는 말인데. '남자가 이 정도는 돼야지!'라는 말을 듣자 나도 모르게 웃음이 피식 나왔다.

"암튼 트라야누스 황제는 일하는 데 지칠 줄 몰랐고, 로마 제국 최고 통치자로서 거의 오점을 남기지 않았대. 무력을 싫어했지만 필요한 경우에는 과감하게 전쟁을 했는데, 그 예가 다키아 전쟁이래. 101년 트라야누스 황제가 직접 군대를 끌고 도나우 강을 따라 로마가 다스리던 주 중 하나인 다키아 원정길에 오르자, 겁이 난 다키아의 지도자 데케발루스는 로마가 요구한 강화 조건을 무조건 받아들였대. 그래서 그의 목숨과 왕위는 그대로 두었는데, 강화 조약을 지키지 않아 다시 다키아를 공략했어. 필사적으로 항쟁을 벌였지만 힘에 부쳤던 데케발루스 왕은 스스로 목숨을 끊고 말았대. 다키아는 지금의 루마니아 지역을 말한대. 트라야누스 황제는 다키아의 금광을 모조리 파헤치고 수많은 전리품과 5만 명의 다키아 포로를 데리고 로마로 개선했대. 그런 후, 승리를 기념하고 로마 제국의 위용을 보여 주기 위해 만든 것이 바로 우리 근처에 있는, 다키아 전쟁 승리를 기념하는 트라야누스 원기둥이지. 후아, 내가 생각해도 너무 기억력이 좋은 것 같다. 한 번만 읽었을 뿐인데."

트라야누스 시장터

또 잘난 척. 금무 언니를 내가 '잘난 척 금무 언니'라고 부르는 것이 전혀 억지가 아닌 것이 증명되었다. 암튼 언니는 줄임말로 '잘무'다.

이모가 아주 흡족한 웃음을 지었다. 이번 여행에서 이모는 아주 많이 웃었다. 작년 피렌체에서는 까칠하다 못해 마녀였는데, 이번 여행에서는 도리어 언니가 마녀처럼 굴고 이모는 천사과에 가까울 정도다. 이모가 나지막이 말을 이었다.

"이번 여행에서 나는 금무의 천재성을 확인했어. 대단해! 너희가 지금 보고 있는 곳은 트라야누스 시장터야. 시장은 재래식 노천 시장이 아니라 건축가가 구석구석 계획한 상업용 다층 건물들이 모여 있는 단지였대. 170개 이상의 점포들이 있었다고 하니, 요즘으로 치면 대형 쇼핑센터쯤 되지 않을까? 트라야누스 시장터는 넓고 크지만 거대한 실내 공간은 찾아볼 수 없는 까닭은, 물건을 전시하는 상점만 있으면 되었기 때문이 아닐까 생각해. 자, 바로 왼편에 보이는 원기둥이 금무가 설명했던 트라야누스 원기둥이지. 그쪽으로 걸어가 보자."

비가 오지 않아 좋았다. 마음껏 걸을 수도 있고 사진도 실컷 찍을 수 있다. 하지만 비가 오지 않으면 아이스크림이 나를 유혹한다. 거리마다 있는 아이스크림을 파는 자동차는 내 눈에 왜 그리도 잘 띄는지! 이모와 여행하면서 질리는 일은 도통 주전부리를 안 한다는 것이다. 이모는 물 한 통만 들고 다니면 그것으로 만족했다. 어떤 날은 두 통이었지만 비가 오는 날에는 딱 물 한 통이 간식이 되어 주었다. 하지만 언니와 나는 간식 먹는 것을 좋아한다. 이럴 땐 언니와 내가 자매라는 것이 증명이 된다.

언니와 내 마음이 딱 통했나 보다. 언니가 걸음을 잠깐 멈추고 아이스크림 한 개를 손에 들고 왔다. 와, 진짜 이기적이다. 아무리 이모가 주전부리를 싫어해도 내 것도 빼고 한 개라니.

"짜무, 미안하지만 넌 네 용돈으로 사 먹어라. 이모는 주전부리 싫어하니까."

그 말을 하면서 언니는 혀로 소프트 아이스크림을 핥았다.

나는 서러움이 섞인 소리를 빼롱 질러 댔다.

"언니……!! 너무한 것 아니야? 그렇게 이기적이라 진영 언니가 언니만 빼놓고 가 버리지!"

아구, 나는 얼른 입을 틀어막았다. 아무리 그래도 뒷말은 하지 말았어야 했다.

갑자기 언니 얼굴이 심하게 일그러졌다. 언니가 아이스크림을 내 입에 들이밀었다.

"야, 짜무……!! 너나 처먹어!"

내 얼굴이 완전 아이스크림 범벅이 되었다. 언니는 그래도 화가 안 풀리는지 아이스크림을 바닥에 내동댕이쳤다.

"네가 뭔데 언니한테 까불고 있어. 쪼끄만 게 아무것도 모르면서?"

나도 지지 않고 소리를 질렀다.

"내 입이 쓰레기통이야? 왜 내 입에 아이스크림을 비비냐고?"

언니는 화가 솟구치는지 혼자 저벅저벅 걸어가다 이모를 향해 말했다.

"이모, 미안해! 나 쟤랑 오늘 같이 못 다닐 것 같아. 정말 재수 없어."

나도 맞받아쳤다.

"나도 재수 없어! 잘무 언니!"

아구, 말을 곱씹어서 생각한 후에 해야 했는데 울화통이 터지니까 마구 말이 튀어나왔다.

이모가 씁쓸하게 웃으며 말했다.

"너 아이스크림 한 개 때문에 너무 흥분한 것 같다."

나는 성큼성큼 트라야누스 원기둥 쪽으로 걸어가는 언니의 뒷모습을 보며 혼잣말을 했다.

"…… 그러게……. 그래도 이모, 언니는 매번 너무 이기적이야."

그래도 화를 내고 떠난 언니가 은근히 걱정이 되어 내 눈은 언니의 모습만 찾고 있었다.

"…… 이모, 언니 혼자 가 버리면 어쩌지?"

이모가 갑자기 목젖이 다 보일 정도로 큰 소리로 웃었다.

"푸하하하, 내가 그럴 줄 알았어. 그러면서 뭐하러 쓸데없는 소리 했어. 여하튼 말조심해. 오늘 네 언니는 혼자 있을 시간이 필요한 것 같다. 생각을 정리할 시간이 필요해. 그냥 냅두자."

나와 이모는 트라야누스 원기둥 앞에 섰다. 언니는 어디로 갔는지 모습이 보이지 않았다. 마음이 휑뎅그렁해졌다.

이모가 조용한 목소리로 말했다.

"…… 짜무, 이 원기둥에 새겨진 조각들은 승리를 축하하는 조각이라기보다는 일종의 전쟁 기록이라고 할 수 있어. 너 그것 아니? 이 원기둥을 본떠 프랑스 파

❶ 트라야누스 원기둥 ❷ 트라야누스 원기둥의 조각들

리 광장에 나폴레옹의 원기둥이 세워져 있고, 오스트리아 빈에 있는 카를 성당 입구에도 원기둥이 두 개 세워져 있어. 트라야누스 황제는 파르티아 원정 중에 갑자기 병이 드는 바람에 총사령관에 하드리아누스를 임명하고 117년 64세 생일을 한 달 앞두고 죽었어. 그의 유언에 따라 유골함은 원기둥을 받치는 밑부분에 보관되었지. 예전에는 원기둥 꼭대기에 트라야누스 황제의 조각상이 세워져 있었지만,

❶ 프랑스 파리 광장의 나폴레옹 원기둥 ❷ 오스트리아 카를 성당 입구의 원기둥

지금 그 자리에는 1587년에 제작한 베드로의 청동상이 세워져 바티칸 언덕을 바라보고 있지. 자, 여기까지 보고 다시 아우구스투스 포룸으로 가자."

이모는 수첩을 보면서 연도를 이야기했다. 아무리 천재라도 그 많은 연도까지 외울 수는 없겠지. 그럴 때마다 이모에게 인간미를 느낄 수 있어 좋다. 하지만 그 생각도 금방 사라졌다. 어느새 내 머리는 언니 생각으로 가득 찼기 때문에.

트라야누스 원기둥 위의 베드로 조각상

"이모, 언니는?"

이모가 내 어깨를 토닥이며 말했다.

"네 언니는 대학생이라고 했지? 아프리카에 가도 혼자 집으로 찾아올 수 있는 나이야."

문득 혜초가 생각났다.

"맞아! 이모, 통일신라의 혜초가 인도로 여행을 떠났을 때 나이가 스무 살이었어. 최치원이 당나라로 유학을 갔을 때 나이는 열두 살이었고. 물론 그때의 나이와 지금의 나이는 많은 차이가 있겠지. 그때는 빨리 성숙했을 거야."

내가 생각해도 신기했다. 언니 생각하다 한국 역사가 생각나니 말이다.

 # 왔노라 보았노라 이겼노라

아우구스투스 포룸(포로 디 아우구스투스) 앞에 세워진 아우구스투스의 동상을 보면 약간 곱슬머리에 젊은이의 모습이지만, 무언가를 꿰뚫어보는 듯 날카로운 눈빛이다. 갑옷을 입은 그의 모습을 보면 아주 늠름하다. 게다가 잘생긴 얼굴이다.

이모가 입을 열었다.

"아우구스투스는 기원전 23년에 포룸 율리움(포로 디 체사레)과 비슷한 모양의 새로운 포룸을 착공하여 기원전 2년에 완공했어. 아우구스투스 포룸은 아우구스투스를 찬양할 뿐 아니라 그가 신의 섭리와 가호 안에서 로마의 역사를 이끌어 가는 사람이라는 것을 돋보이게 하는 곳이지. 그래서 회랑 아래에는 아이네이아스로부터 로물루스에 이르기까지 수많은 역사적 인물과 영웅들의 동상들이 세워져 있

아우구스투스 동상

아우구스투스 포럼

고 율리우스 카이사르의 칼이 보관되어 있었대. 광장 한가운데에 네 마리의 말이 이끄는 개선 마차를 탄 개선장군과 같은 자신의 동상도 세웠대."

카이사르와 아우구스투스 이름을 많이 들어서 그 정도는 머리가 쉽게 받아들인다. 그런데 아우구스투스의 동상을 보니 'S. P. Q. R'이라는 글씨가 적혀 있다. 곳곳에서 그 글씨를 많이 봐서 내친김에 이모에게 뜻을 물었다.

이모가 감탄을 하며 말했다.

아우구스투스 동상의 S. P. Q. R 글자

"우훗! 우리 은무의 관찰력이 뛰어나네. 에스. 피. 큐. 알(S. P. Q. R)은 세나투스 포풀루스 쿠에 로마누스(Senatus Populus Que Romanus)의 약자인데, '로마의 원로원과 국민의'라는 것으로 공화정이 시작되면서 사용되기 시작한 말이야. 원로원은 로마 건국자 로물루스가 설치하여 로마 건국 때부터 존재하였대. 공화정 때는 의원 수가 300명이었다가 카이사르 때는 자그마치 900명이었대. 의원의 임기는 죽을 때까지였어. 처음에는 귀족만으로 구성되었으나 차차 평

123

❶ 포룸 율리움 ❷ 포룸 율리움 상상도

민도 참가하였대. 의원은 점차 최상급 신분이 되었고, 연령 제한과 재산 자격까지 생겼어. 그 권위는 매우 높아 원로원에서 결정한 것은 법률과 똑같은 효력을 가졌다네. 그러니까 전에 네가 말한 것처럼 카이사르가 원로원의 말을 듣지 않은 것은, 즉 반란을 의미하는 것이라고 생각하면 되지. 하지만 후에는 원로원의 권한이 축소되었대. 디오클레티아누스 황제 때부터는 명예적인 칭호로 변하였고."

이모가 말하는 동안에도 내 눈은 어딘가에 있을 언니의 자취를 찾고 있었다. 이번 여행에서 언니와 나는 숨바꼭질 놀이를 하는 것 같았다.

이모와 나는 맞은편 카피톨리노 언덕으로 들어서는 곳으로 발걸음을 옮겼다. 길에서 바로 보이는 곳이 포룸 율리움이 있는 곳이다.

이곳에 대해서는 내가 설명해야 한다. 이모가 오기 전에 미션을 줬기 때문이다.

"이모, 율리우스 카이사르는 갈리아를 정복한 기원전 49년 1월 10일, 로마와 갈리아의 경계선을 이루는 루비콘 강 앞에서 '주사위는 던져졌다'라고 외치고 그대로 로마로 진군해 내려왔어. 그런데 이모, 나는 루비콘 강이라는 단어가 떠오르면 팝콘이 먹고 싶어. 혹시 이곳에 팝콘 파는 곳 없을까?"

내 말이 끝나자마자 이모가 다시 내 머리를 헝클어뜨렸다.

"암튼, 넌 자면서도 잠꼬대로 먹는 타령하더라."

"정말? 에이, 아닌 것 같은데……."

나는 이모를 밉지 않게 흘겨보며 다시 말을 이었다.

"이모, 키르쿠스 막시무스에서 카이사르가 클레오파트라와 사랑에 빠져 결혼했다고 한 얘기, 기억해? 클레오파트라는 동생 프톨레마이오스 왕의 아내로 이집트를 공동 통치하고 있었는데, 둘의 권력 싸움이 엄청 심했다지 뭐야! 그래서 클레오파트라는 카이사르의 권력을 이용해 동생을 몰아내는 데 성공했어. 그런데 이모, 이거 근친상간 아니야? 아무리 그래도 그렇지 어떻게 남동생과 결혼하냐고? 생각만 해도 으으, 닭살 돋고 이건 아니라는 생각이 들어. 하여튼 그는 기원전 47년, 로마로 돌아오는 길에 소아시아 폰토스 왕국의 파르나케스 2세의 군대와 맞붙어 압승하고는……."

갑자기 이모와 내 목소리가 함께 튀어나왔다.

"왔노라, 보았노라, 이겼노라!"

이모와 나는 서로의 얼굴을 바라보며 끼리릭 웃어 댔다.

"이모, 그것 알아? 이렇게 웃고 나면 기분이 좋아지는 것? 짜증 나는 일이 다 씻겨 나가는 것 같아. 계속 설명할게. 카이사르는 그 말로 자신의 승리를 로마의 원로원에 알렸어. 그 후 율리우스 카이사르는 포럼 로마눔 한복판에 자신의 이름을 딴 거대한 바실리카 율리아라는 공회당을 세웠지. 그런데 이모, 로마의 문화에 그리스의 문화가 많이 스며 있는 것으로 봐서 나는 거기서 로마 인의 똘레랑스, 즉 관용을 알 수 있어. 다른 나라의 문화를 수용하는 것, 맞지?"

이모의 입술 꼬리가 위로 올라갔다.

"어쭈, 우리 짜무, 대단해. 독일의 역사학자인 랑케는 이렇게 말했어. '모든 문화는 로마로 들어와서 다시 유럽으로 흘러나갔다'고. 그러니까 로마라는 나라를 큰 용광로라고 생각하면 맞을 거야. 로마는 그리스 문화뿐만 아니라 주변 나라의

베누스 신전

문화를 다 받아들여서 자기 것들과 잘 융화했지. 대표적인 것이 그리스의 12신을 이름만 바꿔서 자신의 신으로 바꾼 거지. 그런데 로마의 문화는 다시 세계로 흘러갔단다. 세계 곳곳을 로마가 지배했으니 자연히 그들에 의해 문화가 전해졌겠지. 우리 생활에서도 로마의 영향을 받은 것은 엄청나게 많아. 무엇이 있을까?"

아, 질문은 싫지만 내가 먼저 이모에게 물은 것이라 나는 잠깐 생각에 잠겼다.

"이모, 우선 달력에서 1월은 재뉴어리(January)라고 하는데, 그것은 야누스 신을 말하잖아. 야누스 신은 얼굴이 두 개로 각각 다른 방향을 보고 있는데, 야누스 신전은 전쟁이 있을 때는 문을 열어 놓고 평화로울 땐 문을 닫아 놓았다면서. 그래서 아우구스투스 시대 땐 야누스 신전의 문이 닫혀 있었고."

내 말에 이모가 큰 소리로 외쳤다.

"우리 짜무, 최고! 또 있지. 우리가 갔던 팔라티노 언덕 기억나지? 그 팔라티노

(Palatino)에서 바로 궁전의 영어인 팰리스(Palace)가 나온 거야. 암튼 우리 짜무 정말 훌륭해. 조금 후에 카피톨리노 박물관 카페에서 내가 아이스크림 쏜다! 아, 영어권에서는 카피톨리노(Capitolino)를 수도라는 뜻의 캐피탈(Capital)이라고 해."

아이스크림, 그 말을 들으니까 횡 토라져서 가 버린 언니 생각이 떠올라 나도 모르게 얼굴을 찡그렸다.

"자, 우리 조카님. 설명을 이어 가시죠."

이렇게 말하면 이모는 마녀 이모가 아니라 친절 이모다. 그럼 이번 여행에서는 언니가 마녀가 된 것이다.

"알았어. 그런데 이모, 조카님이라는 말은 닭살이 돋는다. 속이 오글오글거려. 그냥 이모 성격대로 말해. 카이사르는 베누스 신전도 세웠는데, 베누스 여신에게 감사해서라기보다는 카이사르가 신의 혈통을 타고 났다는 것을 알리기 위해서라고 생각하면 맞을 것 같아. 카이사르는 이 신전을 귀한 예술품으로 장식했는데, 그중에는 자신의 석상과 클레오파트라의 금빛 청동상도 있었대. 현재 이곳에는 카이사르 시대에 세워진 건물의 흔적은 별로 없고, 후세에 복원된 건물의 유적이 주를 이루고 있대. 휴, 이 긴 설명 외우느라 고생 좀 했네. 이모, 아이스크림 먹으러 가자!!"

카피톨리노 박물관에서 마르쿠스 아우렐리우스 황제를 만나다

"자, 카피톨리노 언덕이 바로 우리 눈앞에 있네. 가자! 아이스크림부터 쏠게."

이모와 함께 카피톨리노(카피톨리니) 박물관에 있는 카페테리아에서 아이스크림 대신에 신선한 오렌지 주스를 마셨다. 오렌지를 짜는 것을 보고 입맛이 당겨 마음을 바꿨다. 피로가 싸악 가시는 것 같았다. 또 언니가 밟혔다.

"이렇게 신선한 오렌지 주스를 같이 마시면 오죽 좋아."

나는 속으로 툴툴거렸다.

카페테리아의 테라스에 서니 로마 시가 한눈에 보였다. 비가 개인 후의 로마 하늘은 그야말로 풍덩 뛰어들고 싶은 강물처럼 파랬다. 강물, 강물, 물을 생각하니 이모의 아픔이 생각났다. 나는 뒤돌아서서 이모를 바라보았다. 햇살에 드러난 이모는 정말 아름다웠다. 이모의 큰 눈에 엄청나게 많은 햇살이 일렁거렸다.

이모가 싱긋 웃으며 말했다.

"자, 카피톨리노 박물관으로 들어갈까?"

나는 이모에게 걱정스럽게 물었다.

"이모, 카피톨리노 박물관은 정말 중요한 곳이지? 언니와 함께 봐야 하지 않아?"

이모 역시 먼 곳으로 눈을 돌리며 서운한 목소리로 말했다.

"언니가 알아서 할 거야. 로마에 오기 전에 많은 책을 읽었으니까 무엇을 봐야 할지 스스로 알 거야. 난 네 언니의 선택을 믿어."

그래, 언니의 판단을 믿자.

카피톨리노 광장 앞에서 이모가 말했다.

카피톨리노 박물관 카페테리아에서 본 로마 시내

"카피톨리노 언덕엔 유피테르, 유노, 미네르바 신전이 세워져 있었대. 이 언덕은 중요한 세 신전이 있었기 때문에 가장 성스러운 언덕으로 여겨졌지. 카피톨리노는 '세상의 머리'라는 뜻이야. 카피톨리노 언덕의 입구는 고대 로마 시대에는 포룸 로마눔 쪽을 향하고 있었어. 지금은 바티칸 언덕 쪽을 바라보는 곳이 입구가 되었어. 가운데는 시청 건물이고 광장을 중심으로 오른쪽, 왼쪽은 박물관이야."

광장 가운데는 마르크스 아우렐리우스 왕의 동상이 서 있다. 이모 말에 의하면 그 동상은 진짜가 아니고 박물관 안에 들어가야 진짜를 볼 수 있다고 했다. 동상을 받치고 있는 받침대는 미켈란젤로가 만들었다고 한다. 이 광장과 계단을 꾸민 것은 미켈란젤로라고 하는데, 나는 미켈란젤로의 이름을 부르는 이모의 얼굴을 행복하게 바라보았다. 이모가 미켈란젤로의 이름을 말할 땐 너무나 행복해 보이기 때문이다. 하기야 미켈란젤로 덕분에 이모의 상처가 나았기 때문에 개인적으로 미켈란젤로에게 고마워해야 한다. 그분 덕분에 이모의 성격이 스펀지 케이크처럼 말랑말랑해지고 아이스크림처럼 부드러워졌기 때문에.

이모와 나는 계단을 내려왔다. 미켈란젤로의 계단은 밑에서 위를 보면 일직선

카피톨리노 광장과 카피톨리노 박물관

으로 보였다. 원근법을 무시하고 만들어서 그렇다고 한다. 광장 입구 양쪽에는 마치 기마상을 지키는 보초처럼 보이는, 벌거벗은 채 말에서 내려 선 두 청년 석상이 있다.

이모가 나긋나긋하게 말했다.

"고대 로마 인들은 이 두 청년을 유피테르 신의 아들이란 뜻의 '디오스쿠리', 또는 '카스토르와 폴룩스'라고 불렀어. 포룸 로마눔에서 설명해 준 것 기억하고 있지? 고대 그리스의 시인 호메로스에 의하면, 디오스쿠리 형제는 죽어서 땅에 묻혔지만 이틀에 한 번씩 살아났으며 신과 같이 여겨졌다고 해. 디오스쿠리 형제는 인간과 매우 친근해서 인간이 위기에 처할 때마다 나타나 구원해 주었대."

카피톨리노 광장으로 가는 미켈란젤로 계단

나는 두 청년을 모델로 사진을 찍었다.

사진기 속에 어깨까지 찰랑찰랑 내려오는 긴 머리와 노란 바지에 초록색 티셔츠를 입은 앳된 대학생의 모습이 잡혔다. 언니였다! 나는 얼른 달려가 언니를 큰 소리로 불렀다.

"언니……!"

나에게 재수 없다는 말까지 남기고 떠난 언니가 무엇이 그리 좋다고 뛰어간 것인지, 그런 내가 자존심도 없어 보였다.

언니가 피식 웃으며 말했다.

"우리 짜무, 내가 그렇게 좋아?"

완전히 유치원생을 대하듯이 말했다.

"우리가 이곳에 올 거라고 어떻게 알았어?"

"오늘 아침에 이모가 일정을 말해 줬잖아. 일주일치 미리 다 말해 준 것 내 머릿속에 저장되어 있거든."

피, 또 천재인 척한다. 저런 언니가 무엇이 그리 반갑다고 달려왔는지.

이모도 언니를 아주 반갑게 맞이했다.

우리 셋은 박물관 안으로 들어갔다.

카피톨리노 광장 입구에 있는 디오스쿠리 형제의 석상

카피톨리노 박물관 안 ❶ 마르쿠스 아우렐리우스의 기마상 ❷ 콘스탄티누스 대제의 청동 손

언니는 얼굴을 잔뜩 찌푸리며 말했다.

"박물관에 들어가는 것은 어째 병원에 들어가는 기분이야."

"그러면서 왜 들어왔어."

내 말에 언니는 심드렁하게 말했다.

"안 들어오면 뭔가 중요한 것을 빠뜨린 것 같은 생각이 들 것 같고……. 우리 짜무, 내가 보호해 줘야 할 것 같아서……."

싫지 않은 말이었다.

마르쿠스 아우렐리우스의 실제 기마상은 금빛으로 반짝거렸다. 마치 살아서 호령을 하는 것처럼 보였다. 콘스탄티누스의 거대한 청동 손을 보니 콘스탄티누스 대제의 모습을 대하는 것 같아 신기하기까지 했다. 저 손은 무엇을 감싸려는 것일까? 무엇을 지시하려고 했을까? 전쟁터를 누비던 손이었을까? 많은 상상이 머릿속에서 떠나지 않았다.

박물관을 돌고 나오니 피곤과 함께 졸음이 몰려왔다.

"이모, 오늘의 일정은 거의 끝난 것 아니야?"

"그래, 베네치아 광장의 비토리오 에마누엘레 2세 기념관만 보고 가자."

"으악! 또 보고 또 보고, 오늘 우리 굉장히 많이 걸은 것 알아?! 나 어디 가서 간단히 저녁 먹었으면 좋겠어."

언니가 끼어들었다.

"이런 짜무, 내가 말했잖아. 오늘은 한국 식당 가서 파전 먹기로."

입맛이 살아났다.

"좋아! 가 보자고. 파전을 위해서 배고픈 것 견디기로 했어."

카피톨리노 박물관 (Musei Capitolini)

- Piazza del Campidoglio, 1, 00186, Roma
- 39-06 0608
- 9:30~19:30, 단 12/24와 12/31은 14:00까지 (휴무) 1/1, 5/1, 12/25
  ※ 사정에 따라 관람 시간과 휴무가 바뀌니 주의!
- 어린이 13유로(6세 이하 무료), 성인 15유로
- www.museicapitolini.org

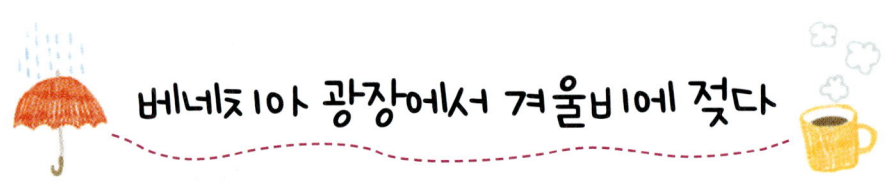

베네치아 광장에서 겨울비에 젖다

베네치아 광장과 카피톨리노 광장은 바로 이웃해 있다. 저녁 해가 따갑게 비쳤다. 하지만 한쪽 하늘에 무겁게 걸려 있는 먹구름이 심상치 않아 보였다. 언제 소나기가 쏟아질지 모른다.

이모가 말했다.

"비토리오 에마누엘레 2세 기념상이 있는 이 광장 남쪽에는 거대한 비토리오 에마누엘레 2세 기념관이 세워져 있어. 이 건물은 이탈리아를 통일하고 1870년 통일 이탈리아의 초대 국왕이 된 비토리오 에마누엘레 2세의 공을 기리기 위해서 세워졌어. 그가 1878년에 죽은 뒤, 1880년에 이탈리아 정부가 지대가 높은 현재의 광장에 이 거대한 기념관을 세웠지. 그런데 이 건물이 완성되자 사람들은 아주 많은 불평을 쏟아 냈지 뭐냐! 고대 로마의 건물이 즐비한 곳에 갑자기 들어선 흰색 건물이 잘라 놓은 결혼 케이크 같기도 하고 타자기를 닮았다며 비꼬기도 했어."

이모의 말을 듣고 보니 비토리오 에마누엘레 2세의 기념관이 생뚱맞아 보이기는 했다. 하지만 하얀빛이 보기에 나쁘지는 않았다.

"자, 오늘의 일과는 끝이야!"

긴 하루가 끝났다. 너무 많은 일이 있었던 하루였다.

그런데 문제가 생겼다. 갑자기 맑은 하늘이 어두컴컴해지더니 천둥이 쳤다. 곧이어 번개가 번쩍하더니 비가 퍼붓기 시작했다.

"짜무, 전철역으로 뛰어!!"

아, 고달픈 여정이 남아 있다. 뛰다니, 다리가 전혀 말을 듣지 않는데.

비토리오 에마누엘레 2세 기념관

이모에게 외쳤다.

"이모, 택시 타면 안 돼?"

빗속에서도 이모의 낭랑한 목소리가 들려왔다.

"안……돼! 오늘 한식 먹으려면 돈 아껴야 해!"

언니가 거들었다.

"이모, 비가 너무 많이 오잖아. 그냥 택시 타자고!"

"그럼 돈 많은 너희 둘은 택시 타고 와! 난 전철로 갈게."

와, 이럴 땐 영락없이 마녀 이모다. 우리에게 돈이 없다는 것을 뻔히 알면서……. 마녀 이모를 따를 수밖에.

배낭 속에 있던 우산을 꺼내 들고 빠른 걸음으로 이모를 따라갔다. 비가 온몸을 파고들었다. 오슬오슬 한기가 들면서 온몸이 추웠다. 전철역까지 왔을 땐 이미 내 옷과 운동화는 흠뻑 젖어 있었다.

나는 속으로 이모를 향해 구시렁거렸다.

"택시 타면 좋았을 것을……."

전철을 타자마자 콜록콜록 기침이 터졌다.

언니가 내 이마에 손을 얹더니 놀란 목소리로 외쳤다.

"이모, 우리 짜무 열이 심해. 어떡해?"

나는 언니가 너무 호들갑을 떠는 것 같아 언니 손을 치웠다. 목이 붓는지 몸이 으슬으슬했다.

테르미니 역에 내렸을 땐 비가 주춤하기는 했지만 여전히 우산 위를 때렸다. 나는 그냥 호텔로 들어가 눕고 싶었다.

"아, 이렇게 비가 오는 날엔 역시 파전이 최고야!"

언니를 실망시키지 않으려고 참기로 했다.

아리랑 식당에 걸려 있는 태극기가 왜 그리 반가운지 한국에 있는 우리 집을 보는 것 같았다. 나는 그곳에서 따뜻한 된장찌개로 추운 몸을 달랬다. 그리고 호텔 방에 와서 이불을 몸에 말고 침대에 누워 잠에 빨려 들어갔다.

미끄럽고 뾰족한 피라미드 같은 유리 산을 올라갔다. 끝까지 올라가면 다시 밑으로 미끄러졌고 낑낑거리고 올라가면 다시 밑으로 미끄러졌다. 조바심이 났다. 식은땀이 나고 너무 힘이 들어 간신히 '나 좀 살려 달라'고 외쳤다. 꿈이었다.

"짜무, 괜찮아?"

언니가 눈물이 어룽진 눈으로 나를 쳐다보며 물었다. 언니는 내 이마에 올려져 있던 수건을 갈아 주며 혼잣말을 했다.

"기집애, 얼마나 아팠으면 살려 달라고 외치냐? 그러게 베네치아 광장에서 택시 타고 왔으면 이런 일 없었잖아. 에이, 이모 너무 구두쇠 아냐?"

이모가 메마른 목소리로 말했다.

"그러게……. 내 생각이 짧았어. 우리 짜무가 이렇게 열이 나고 아픈 줄 알았으면 택시 타고 오는 건데……. 짜무, 그래도 넌 행복한 아이다! 네 언니가 잠도 안 자고 옆에서 어찌나 너를 챙기는지……. 대단한 우애다."

언니의 눈 밑에 다크서클이 까맣게 내려앉아 있었다.

"아휴, 기집애. 열은 펄펄 나고 잠꼬대까지 해 대고, 내 동생 로마에 와서 잃는 줄 알고 엄청 놀랐네."

이모가 한마디 거들었다.

"너 데리고 응급실에 가려다가 조금 더 기다려 보자고 했는데……. 우리 짜무 이렇게 잘 견뎌 줘서 고맙다."

언니가 나를 일으키더니 물약을 주었다.

"이것 먹어 봐! 아프면 파전 먹지 말고 바로 호텔로 오자고 하지. 왜 참았냐?"

나는 피식 웃으며 말했다.

"언니가 비오는 날에는 파전이 최고라고 했잖아. 거기 안 가면 삐져서 혼자 어디론가 가 버릴까 봐……."

내 말에 언니는 내 머리를 헝클어뜨리며 말했다.

"어구, 우리 짜무가 살아났네."

순간 기침이 쏟아졌다.

언니가 주는 물약을 먹고 다시 깊은 잠에 빠져들었다. 꿈에서 언니와 손을 꼬옥 잡고 꽃길을 걷고 있었다.

비토리오 에마누엘레 2세 기념관(Monumento Nazionale a Vittorio Emanuele II)

- Piazza Venezia, 00186, Roma
- 39-06-6780664
- 여름 9:30~19:30(금, 토 23:30까지), 겨울 9:30~18:30(금~일 19:30까지)
  ※ 사정에 따라 관람 시간과 휴무가 바뀌니 주의!
- 무료

포폴로 광장에는 죽은 네로의 혼이 떠돌아다닌다

반짝 눈을 떴다. 기침이 멎어 있었다.

내가 부스럭거리는 소리에 이모와 언니가 동시에 달려와 물었다.

"짜무, 괜찮아?"

언니는 내 이마부터 손으로 짚어 보았다.

"어, 이모, 열이 내렸어. 거짓말같이."

이모도 내 이마를 짚어 보더니 고개를 끄덕였다.

"짜무, 몸이 안 좋으면 호텔 방에 있어도 돼! 오늘은 방에서 뒹굴뒹굴 구르며 놀지 뭐."

나는 벌떡 일어나 바닥 위를 걸어 봤다. 처음엔 휘청거렸지만 곧바로 걸어 다녔다. 기분이 나쁘지 않았다.

"아니야, 이모! 가도 될 것 같아."

호텔 방 안에 갇혀 있는 것보단 로마 시내를 다니는 것이 나을 것 같았다. 오늘 콜로세움은 얼마나 더 커졌는지 보고 싶었다. 그새 콜로세움을 그리워하게 되었으니 벌써 로마와 친해졌나? 그런 내가 신기했다.

"그래? 그러면 오늘은 포폴로 광장과 스페인 광장, 트레비 분수와 판테온을 본 후 나보나 광장으로 느긋하게 갔다 오자."
 *&%$#@@ 빙빙 머리가 돌 것 같았다.
"이모, 너무 과한 것 아냐?"
"내가 말한 유적지들이 붙어 있어서 괜찮을 거야."
"짜무, 걱정 마! 언니가 너를 지켜 줄게. 다리 아프거나 몸이 힘들면 말해. 언니가 택시 태워 줄게."
언니는 그 말을 하면서 지갑에서 50유로를 흔들어 보였다.
"진작 그렇게 친절하게 할 것이지……."
내가 하는 말에 언니가 한마디 했다.
"너 다 나으면 예전처럼 돌아갈 거야."
아침을 든든히 먹었다. 특히 오렌지 주스를 두 잔이나 마셨다. 먹기 싫은 샐러드도 먹었다. 여행하면서 아픈 것은 정말 싫으니까.

포폴로 광장

포폴로 광장 입구에 세워진 포폴로 문

전철을 타고 플라미니오 역에서 내리자 탁 트인 포폴로 광장이 보였다. 숲이 우거진 쪽으로 한참을 올라가면 보르헤스 미술관이라고 했다.

이모의 설명이 이어졌다.

"철도가 생기기 전까지는 플라미니아 도로를 지나 마차로 찾아오는 여행자들의 첫 관문이 바로 이곳이었어. 즉 북쪽 관문이었지. 포폴로 광장의 입구에 세워진 포폴로 문 안쪽의 장식은 1655년에 베르니니가 완성한 것이야. 광장 중앙에 있는 높이 36미터의 오벨리스크는 초대 황제 아우구스투스가 이집트에서 가지고 온 것이지."

포폴로 광장의 이름을 우리말로 옮기면 '국민의 광장'이 된다고 이모는 덧붙여 말해 주었다. 포폴로 광장은 보통의 광장처럼 네모나지 않고 타원형 모습이었다.

이모는 잊은 것이 불현 듯 생각났는지 감격스러운 말투로 말했다.

"맞아! 종교 개혁으로 신교를 탄생시킨 마르틴 루터가 로마에 왔을 때, 또 이탈리아를 여행하던 괴테가 로마에 도착했을 때 처음 발걸음을 디딘 곳이 바로 이 광장이야. 처음에 이 광장의 모습은 사다리꼴 모양이었는데, 지금은 타원형 모양으로 새롭게 단장했지."

나는 신기한 듯 손가락으로 오벨리스크를 가리켰다.

"그래, 저 오벨리스크는 아우구스투스가 기원전 10년에 이집트 정복 20주년을 기념하여 가져온 것인데, 람세스 2세와 그의 아들이 원래 주인이래. 원래는 키르쿠스 막시무스 한가운데 세웠다는 것, 기억하고 있지? 그런데 교황 식스투스 5세가 로마의 위용을 과시하기 위해 이 오벨리스크를 로마의 북쪽 관문인 이곳에 옮기고 그 위에 십자가를 올렸대."

포폴로 광장의 오벨리스크

아, 나는 람세스 2세를 안다!! 그는 이집트 최고의 건축가 왕이다. 그를 새긴 조각은 항상 최고의 미남으로 만들어져 있다. 자녀가 자그마치 100명이 넘고, 이집트의 땅끝에 아부심벨이라는 신전을 만들었다. 언젠가 이집트를 가는 것이 나의 꿈이라 나는 시간 될 때마다 이집트에 관한 책을 읽고 있다. 생각해 보니 내가 고고학자나 역사학자가 되겠다는 것은 좋은 결정 같다. 다른 것에는 재미를 못 느끼는데 역사와 고고학에 관련된 모든 것에는 내 모든 촉각들이 탱탱하게 살아나기 때문에.

람세스 2세가 건축한 이집트의 아부심벨 신전

이모가 말을 이었다.

"바로 우리 옆에 있는 산타 마리아 델 포폴로 교회는 아주 귀중한 예술품이 있는 곳이야. 원래 이 성당이 세워진 자리에 네로 황제의 무덤이 있었다고 해. 네로의 혼이 악령이 되었다는 소문을 진정시키려고 교황 파스칼리스 2세가 1099년에 건설했대. 네로의 혼이 떠다녔던 곳이라니 좀 으스스하지 않니?"

포폴로 광장에서 스페인 광장으로 걸음을 옮겼다. 스페인 광장이라는 이름이 붙게 된 까닭은 스페인 대사관이 있었기 때문이란다. 광장 앞에는 트리니타 데이 몬티 계단이 있는데, 계단에는 많은 사람들이 앉아 이야기를 나누거나 젤라또를 먹는 모습이 눈에 들어왔다.

언니와 나는 계단을 보자마자 앉기 바빴다. 언니는 나를 걱정스럽게 바라보며 물었다.

"짜무, 괜찮아? 어디 보자?"

그러더니 내 이마를 손으로 만져 보았다.

"어구, 우리 아가 열이 없어요. 정말 다행이에요. 아구, 예뻐라! 언니가 오늘 맛난 것 사 줘야지."

그 말을 하면서 언니는 내 엉덩이를 토닥였다.

"아이, 뭐야? 나를 아기 취급하고. 나 곧 중학생이 되는 아이야!"

언니는 내 말에도 아랑곳없이 등을 두들기며 말했다.

"지금 언니 눈엔 아기처럼 보이거든."

❶ 산타 마리아 델 포폴로 교회 ❷ 스페인 광장 트리니타 데이 몬티 계단

바르카차 분수

　이모가 우리 둘의 모습을 지켜보며 흐뭇하게 웃었다. 이모가 조용히 입을 열었다.
　"계단 바로 앞에 있는 바르카차 분수는 테베레 강에서 와인을 운반하던 낡은 배인 바르카차를 본떠서 만들었다고 해. 이탈리아 바로크를 대표하는 조각가이자 건축가인 베르니니의 아버지, 피에트로가 17세기에 만들었대. 이 물은 맛이 좋기로 유명해서 트레비 분수의 물맛에 버금가지. 자, 다리쉼을 했으면 괴테, 스탕달, 바이런 등 수없이 많은 시인, 소설가, 화가 등등의 예술가들이 즐겨 갔던 카페 그레코에 들러 보자."
　"으훗! 이모가 차 한 잔 사는 거야?"
　기분이 좋은지 언니의 목소리가 들떴다.
　"그건 아니고, 그냥 밖에서 보고 가까운 거리에 있는 젤라또 집에 가서 티라미수를 먹자."
　괴테가 차를 마셨다는 카페 그레코에는 사람들이 많았다. 카페 그레코는 명품

카페 그레코

가게가 주욱 이어진 코르소 거리의 입구에 있었다. 찻집 앞에서 사진만 찍기에는 아쉬웠다.

젤라또 집에서 언니가 선뜻 돈을 내고 산 티라미수 맛은 최고였다.

"이건 우리 짜무가 감기 나은 기념으로 내가 쏘는 거야."

언니는 어깨를 으쓱 올리며 기분 좋게 말했다.

생딸기와 미수의 달콤한 맛이 함께 섞이니 예상치 못한 맛이 났다. 달콤하면서 아삭하면서도 약간 서늘한 맛. 와! 로마에 와서는 눈도 즐겁고 혀도 즐겁다.

 ## 트레비 분수 앞에서 언니가 딱지를 맞다

걷다 보니 어느새 트레비 분수 앞이었다. 트레비 분수 앞은 탁 트인 넓은 광장은 없었다. 분수와 어우러진 조각상을 보려는 사람들로 북적거렸다. 여러 나라의 말이 귀에 잡혔다. 로마의 길에서 스쳐갔던 사람들이 다 이곳으로 몰려온 느낌이었다.

"각자의 가방 조심해."

이모가 하는 말에 나는 배낭을 배 앞으로 멨다.

언니가 내 배낭을 낚아채며 말했다.

"이런 짜무, 배낭의 무게라도 줄여야지. 몸도 시원찮은데 언니가 멜게."

이모가 흐뭇한 모습으로 바라보았다.

"자, 드디어 트레비 분수네. 로마에는 역사와 이야기가 있는 분수가 100개도 넘는대. 그중에서 가장 대표적인 분수는 트레비 분수와 조금 전 스페인 광장에서 본 바르카차 분수, 나보나 광장 한가운데 있는 4대 강을 의인화한 분수야. 트레비 분수를 다 본 후 나보나 광장으로 가서 그 분수를 볼 거야."

으악! 또 볼 거라는 말이 숙제처럼 짐이 된다. 그래도 이모의 식을 줄 모르는 지식에 대한 탐구력과 유적에 대한 사랑을 이해해야 한다. 그 덕분에 여행을 통해

얻어 가는 것이 엄청 많으니까. 나는 속으로 나를 토닥였다.

"금무가 트레비 분수에 대해 설명하면 어떨까? 짜무는 판테온에 대해 설명하고."

이모가 이미 한국에서 미션을 준 것이라 준비를 하기는 했지만 또 숙제 같아 짐이 되었다.

금무 언니가 망설이지 않고 말을 했다.

"좋아! 이모 덕분에 제대로 공부하는 느낌이야. 이미 책으로 읽은 것을 눈으로 확인하고 설명까지 하니 기가 막히게 저장이 잘되네! 짜무, 잘 들어! 이 트레비 분수는 1762년에 완성되었어. 로마 후기 바로크 시대의 걸작으로, 등을 돌리고 서서 동전을 던지면 다시 로마에 올 수 있다는 전설이 전해지기도 해. 나 조금 후에

트레비 분수

트레비 분수 정면 모습

동전 던질 거야."

언니는 동전 던지는 사람들에게 흘낏 눈길을 주었다.

"트레비 광장 북쪽에 남북으로 길게 뻗은 르네상스식 궁의 벽면은 높이가 20미터, 가로가 26미터나 돼. 이 벽면에는 조각들이 장식되어 있어서 마치 커다란 무대와 같은 느낌을 주지. 짜무, 그렇지 않니? 마치 오페라의 무대 같기도 하고 연극 무대 같기도 하지?"

나는 언니의 설명을 잘 듣고 있다는 표시로 고개를 두 번이나 끄덕여 주었다.

"이 분수는 1453년에 교황 니콜라우스 5세의 명령으로 복구된 분수였어. 아우구스투스 황제가 건설한 고대의 아쿠아 비르고, 처녀의 수로를 다시 부활시키려고 분수를 건설하도록 명했다고 해."

"어, 잠깐만, 언니. 1453년은 동로마가 오스만 제국에 멸망당한 해인데……. 그

트레비 분수에 장식된 ❶ 아그리파가 수로 건설을 검토하는 모습 ❷ 한 처녀가 로마 병정들을 안내하는 모습

때 트레비 분수가 복구되었구나……. 한쪽은 멸망하고 트레비 분수는 다시 샘물을 뿌리고…….."

언니는 내 말에 신기한 듯 내 얼굴을 한참 쳐다보더니 혼잣말을 했다.

"뭐야? 짜무, 역사를 좔좔 꿰고 있네……. 거참, 내 동생이라도 신통하네! 암튼 신화에 나오는 반인 반어의 해신 트리톤 한 쌍과 바다의 신 등의 조각상들이 조화를 이루고 있지. 중앙에 있는 조각상은 바다의 신 넵투누스의 모습이야. 넵투누스는 그리스 신화에 나오는 포세이돈이고. 사실 나 그리스 신화에 대해서는 약한데……."

언니의 솔직한 말이 귀엽게 느껴졌다.

"암튼, 트레비 분수의 배경을 이루는 벽면을 보면 윗부분 좌우에 두 개의 조각이 있는데, 하나는 아그리파(아우구스투스를 정치, 군사적으로 도운 로마 제국의 정치가)가 수로 건설 계획을 검토하는 모습이고, 하나는 한 처녀가 로마 병정들을 안내하는 모습이야. 전설에 의하면 새로운 수로를 찾고 있던 아그리파의 부하들 앞에 웬 처녀가 나타나 그들을 물이 있는 곳으로 인도했다고 해. 아, 참, 이모는 미술을 전공했으니까 아그리파 석고상의 얼굴을 엄청 열심히 그렸겠네? 내 친구 진영이가 미술 전공하잖아."

이모가 끼어들었다.

"아그리파 얼굴만 봐도 진저리가 쳐진다. 손목 부러지는 것 같이 아프도록 데생을 했다."

"큭큭, 이모의 팔목에 힘이 없어서였겠지. 암튼 기원전 19년, 아그리파는 처녀가 알려 준 곳을 상수원으로 하여 로마에 물을 공급하는 지하 수로를 만들었는데, 이 수로의 이름이 아쿠아 비르고였어. 즉 '처녀의 수로'라는 뜻이야. 아그리파는 이 수로를 통해 자신이 판테온 부근에 세운 아그리파 목욕장과 수영장에 물을 공급했고, 이 물을 이용해 로마에 자그마치 160개나 되는 분수를 만들었다네. 이 수로는 로마 제국이 멸망한 후 방치되었다가 1453년에 복구되었고, 그 후 1762년에 완성돼 오늘날까지도 물을 공급하고 있대."

이모와 내가 언니를 향해 손뼉 치는 흉내를 냈다. 사람들이 많아 손뼉을 치면 예의에 어긋날 것 같았다.

바다의 신이 물을 쏟아 내고 있는 모습이 마음까지 시원하게 해 주었다. 예전에 이곳 주변에 사는 사람들은 이 물로 차를 끓여 마시고, 이 물로 생활을 했다고 하니 역사가 담겨 있는 물이다.

"이모, 나 저 앞에 내려가서 동전을 던지고 올 거야. 한 번 던지면 로마에 다시 올 수 있고, 두 번 던지면 사랑이 이뤄진다면서……."

언니는 그 말을 하면서 사람들 사이를 비집고 앞으로 다가갔다.

많은 사람들이 다투어 사진을 찍느라 바빴다. 나도 언니 뒤를 따라갔다. 언니와 나는 동전을 어깨 뒤로 해서 던졌다. 이모가 그 모습을 스마트폰에 담아 주었다. 일단 로마에 다시 올 수 있다는 희망이 생겨 언니와 나는 서로를 바라보며 즐겁게 키득키득 웃었다.

그때, 익숙한 얼굴이 눈에 띄었다. 진영 언니와 승숙 언니, 진수 오빠였다! 진영 언니와 승숙 언니가 깔깔 웃으며 등 뒤로 동전을 던지고 있었다.

언니가 우뚝 걸음을 멈췄다. 나는 얼른 언니 곁에 다가섰다. 언니와 마주친 진영 언니와 승숙 언니의 얼굴이 굳어졌다. 순간 언니가 오빠에게 다가가더니 뭔가를 말했다. 오빠가 머뭇거리자 승숙 언니가 언니를 향해 날카롭게 말했다.

"방해하지 마!"

언니보다 놀란 것은 나였다. 뭔가 심상치 않아 보였다. 언니 얼굴이 심하게 일그러졌다. 나는 얼른 언니 손을 잡아끌었다.

진영 언니가 내게 말했다.

"은무야, 미안하지만 네 언니 데려가 줄래?"

나는 진영 언니에게 분명한 목소리로 또박또박 말했다.

"언니, 우리 언니는 아기가 아니에요. 언니가 알아서 할 거예요."

언니가 나에게 말했다.

"은무야, 이모와 먼저 가. 나 조금 있다가 판테온으로 갈게."

내가 머뭇거리자 언니는 내 배낭을 건네주며 날카로운 목소리로 말했다.

"빨리 가라고!"

내 가슴이 벌렁거렸다. 나는 뒤에서 기다리고 있는 이모에게 무거운 걸음으로 다가갔다.

"…… 이모, 뭔가 이상해……. 왠지 언니가 너무 불쌍해 보여……."

왈칵 눈물이 쏟아질 것 같았다. 이모가 내 등을 토닥이며 말했다.

"네 언니 일이야. 언니가 알아서 할 거야. 우리 먼저 판테온으로 가자. 네가 여기 있는 것, 언니한테 불편할 수 있어."

언니만 두고 오는데 발걸음이 떨어지지 않았다. 언니를 혼자 두고 오는 것이 아닌데……. 내내 후회되고 혼란스러웠다. 이럴 때 가족의 힘이 얼마나 큰 것인지 본때를 보여 주었어야 했는데…….

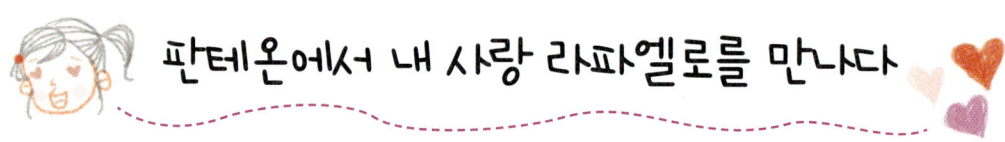
판테온에서 내 사랑 라파엘로를 만나다

　판테온으로 가는 길은 쉽지 않았다. 로마를 네 번씩이나 왔던 이모도 헷갈리는 모양이다.
　좁은 골목으로 들어섰다. 좁은 골목에 가죽 제품을 만드는 집과 예쁜 문구류를 파는 집이 있었다. 돌길 위를 작은 자동차가 끊임없이 다니고, 간혹 개를 끌고 다니는 사람들도 눈에 띄었다. 그리고 어김없이 개똥도 눈에 띄었다.

판테온

이모가 말했다.

"점심 먼저 먹을래? 아님 판테온 먼저 볼까?"

나는 언니 없이 이모와 둘이서 점심 먹는 것이 마치 언니를 배반하는 것 같아 쭈뼛거렸다. 배가 고프면 참지 못하는 내가 이렇게 언니를 생각하는데 언니는 아는지 모르는지.

나는 판테온부터 선택했다. 길을 못 찾아 헤매는 동안 언니가 혹시 그쪽으로 발걸음을 옮겼을지도 모른다. 이모는 여전히 가는 길이 헷갈리는지 들어섰던 골목에서 다시 나와 다른 골목으로 발걸음을 옮겼다.

"음, 이상하네…… 분명 이 길이 맞는데……."

이모 같이 철두철미한 사람도 헷갈리는 것을 보니 미로 같은 골목길에서 판테온의 얼굴을 찾느라 길을 잃는 사람이 많을 것 같았다.

이모가 확신한 듯 들어선 좁은 골목이 끝나는 곳에 많은 사람들로 북적이는 곳이 보였다. 와! 판테온이다. 거대한 판테온이 모습을 드러낸 것이다! 정사각형의 광장에는 많은 사람들이 북적거렸다. 가운데 있는 분수의 물이 하늘을 향해 오르고 있었다.

그런데 하필 보슬비 같은 비가 뿌리기 시작했다. 겨울비는 언제까지 우리를 따라다닐 셈인지.

"짜무가 좋아하는 사람이 이곳에 묻혔으니 우리 짜무 가슴이 뛰겠네!"

맞다!! 내가 정말 라파엘로를 좋아하기는 한 것인지? 이곳에 오면서 라파엘로 생각을 전혀 하지 못했다. 혹시 언니를 만날 수 있으려나 하는 생각과 이모가 정말 길을 못 찾네, 고약한 판테온이 우리와 숨바꼭질하나, 자기 얼굴을 안 보여 주네, 라며 툴툴거리면서 오느라 그의 생각을 다 잊어버린 것이다.

이모가 간단하게 판테온에 대한 이야기를 말해 주었다.

"로마의 눈은 판테온이라는 말이 있어. 판테온은 기원전 27년에서 25년 사이에 아그리파가 자신이 세운 공공 목욕장 바로 옆에 유피테르 신에게 바치기 위해 세웠는데, 실제로는 아우구스투스에게 지어 바친 것이래. 당시 로마 시민들이 국가에 대한 긍지를 갖게 하기 위해 지은 상징적인 건축물로, 이곳에는 유피테르 신상을 비롯해 다른 여신들의 석상이 있었다고 해."

나는 이모의 말이 잠시 끊겼을 때 골목으로 나 있는 길에서 혹시 언니를 찾을 수 있을까 이리저리 바쁘게 눈을 돌렸다. 분명 언니는 상처받은 짐승처럼 힘들게 걸어올 것 같았다. 아, 불쌍한 언니.

이모는 내 마음을 아는지 모르는지 다시 설명을 이어갔다.

"아그리파가 세운 판테온은 여러 번의 화재로 타 버려 도미티아누스 황제가 다시 세웠다가, 110년 무렵 하드리아누스 황제 때 아예 완전히 새로 지었다고 해. 하지만 하드리아누스 황제는 처음 판테온을 세운 것이 아그리파라는 사실을 청동 글씨로 새겨 판테온 입구 윗부분에다 붙이게 했다고 해. 609년 이후에는 교회로 사용되고 있지만 2세기 당시의 모습을 거의 간직하고 있단다. 현재 광장이 있는 지역의 땅은 고대 로마 시대에는 지금보다 3미터 정도 낮았고, 판테온 앞에는 직사각형의 길쭉한 회랑으로 된 광장이 펼쳐져 있었대. 판테온 쪽으로 들어가려면 계단을 타고 올라가게 되어 있었지."

이모의 말을 듣고 판테온의 정면 윗부분을 보니 가장 먼저 보인 글씨가 아그리파를 뜻하는 'M. AGRIPPA'였다.

우리는 비를 피해 판테온 안으로 들어갔다. 입장료를 내지 않아 특별하다는 생각이 들었다. 광장에서 울리던 사람들의 소리가 신기하게도

판테온 입구의 아그리파가 판테온을 지었다고 쓰여진 청동 글씨

조용해졌다.

판테온에 들어가자마자 하늘을 향해 고개를 들었다. 동그랗게 뚫려 있는 구멍으로 작은 빗방울들이 춤을 추듯 내려오고 있었다. 구름 뒤에 숨어 있는 햇살의 빛을 받아 빗방울들은 작은 천사처럼 가벼운 몸짓으로 빛을 품어 내고 있었다.

"짜무, 판테온은 '모든 신들에게 바쳐진 신전'이라는 뜻이야. 판(Pan)은 '모든'이라는 뜻이고, 데오스(theos)는 '신', 온(on)은 '건물, 장소'를 나타내는 것이야."

판테온 천장

이모는 수첩을 펼쳐서 글씨를 보여 주며 설명해 주었다.

"판테온은 역사적인 인물들의 묘지로도 사용되고 있어. 통일 이탈리아 왕국의 초대 왕인 비토리오 에마누엘레 2세와 1520년 37세의 나이로 숨을 거둔, 우리 짜무 취향의 남자인 라파엘로의 묘지가 있지."

나와 이모는 라파엘로의 묘지 앞에 섰다. 가장 인기가 많은 곳이라 사람들이 몰려 있어 앞에 가까이 가기까지는 기다려야 했다. 그래도 내가 좋아하는, 아니 사랑하는 사람이 묻힌 곳인데, 그 정도 기다리는 것쯤은 얼마든지 참아 낼 수 있었다.

나는 기도하는 마음으로 눈을 감으며 속으로 조용히 말했다. '라파엘로, 편안히 잠드세요.'

이모가 나를 방해하지 않고 가만히 기다려 준 것이 고마웠다. 하지만 오래 있을 수 없었다. 사람들이 나처럼 그를 만나고 싶어 기다리고 있었기 때문에.

이모가 나지막한 목소리로 말했다.

❶ 비토리오 에마누엘레 2세의 무덤 ❷ 라파엘로의 무덤

"옛날에는 지붕에 금박을 입혔으니 판테온은 태양과 같은 인상을 주었을 거야. 언덕에서 보면 판테온의 지붕에서 나는 금빛이 로마를 덮었으니 얼마나 멋진 풍경이었을까! 판테온 입구의 거대한 청동문은 2000년 전의 모습 그대로래."

이모의 말을 듣고 나는 청동문을 의미 있는 눈으로 보고 또 보았다. 그러면서 사람들 속에서 혹시 언니의 모습을 볼 수 있을까 싶어 내내 눈길을 사람들에게 주었다. 밖으로 나오니 흩뿌리던 비도 어느새 그쳐 있었다.

이모가 보이지 않았다! 아, 언니에게 마음을 빼앗겨 이모를 보지 않았던 탓일까? 가슴이 철렁 내려앉았다. 허허벌판에서 나 혼자 서 있는 느낌이었다. 나를 두고 떠나 버렸나! 언니를 데리고 오지 않아서 나도 언니처럼 혼자 다녀 보라는 벌을 받은 것일까?

그때, 이모가 두 손에 뭔가를 들고 나타났다.

"아, 이모!"

"왜 그렇게 놀라고 있어? 내가 젤라또 두 개 사 온다고 했잖아. 이곳에서 젤라또 먹는 맛이 얼마나 좋은데."

나는 와락 이모의 허리를 끌어안았다.

"어, 어, 젤라또 떨어뜨린다."

젤라또 맛은 최고였다. 오늘만 벌써 특별한 맛을 가진 두 개의 간식을 먹었다. 언니가 밟혀 씁쓸한 맛이 남는 것이 안타까웠지만.

판테온 앞의 계단에 앉아 잠깐 언니를 기다렸다. 언니가 어떤 모습으로 올까 생각하고 있는데, 어깨가 축 처진 채 걸어오는 언니의 모습이 보였다. 나는 얼른 일어나 언니에게 달려갔다. 언니가 나를 뻥 뚫린 눈으로 바라보았다.

"언니, 내가 젤라또 쏠게."

언니는 손사래를 치며 말했다.

"아냐, 됐어. 귀찮아."

이모가 언니를 보며 말했다.

"금무야, 판테온 안에 들어갔다 와! 그리고 점심 먹자. 이 근처에 맛있는 스파게티 집이 있거든."

이모 말에도 언니는 심드렁했다. 옆에서 보니 언니 눈이 퉁퉁 부어 있는 것 같았다. 언니는 발을 질질 끌다시피 하며 판테온으로 들어갔다. 언니가 걱정이 되었다. 누가 툭 치기라도 하면 푹 쓰러질 것만 같아 보였다. 나는 얼른 다가가 언니 팔을 잡았다.

판테온 입구의 거대한 청동문

순간이었다. 언니가 와락 소리를 지르며 언니 팔을 흔들었다.

"짜무! 이 팔 놔! 내가 어린애니? 귀찮으니까 이모 옆에 앉아 있어!"

와, 갑자기 화가 북북 솟구쳤다. 조금 전까지 언니를 불쌍하게 생각했는데 전혀 그런 생각이 들지 않았다. 그러면 그렇지! 까칠 언니의 성격이 어디 가겠어. 게다가 이기적이지. 그러니까 왕따당하지……. 그렇게 생각하다 머리를 털고 이모 곁에 나란히 앉았다. 이모가 내 등을 토닥여 주었다.

언니를 기다리는 동안 이모가 말했다.

"짜무, 너 작년에 나랑 피렌체에서 산타 마리아 델 피오레 대성당 가 본 것 기억나지?"

이모의 말에 나는 허리를 발딱 세우며 말했다.

"이모, 내 머릿속에 4분지 1 이상은 피렌체 지식으로 채워져 있을걸. 브루넬레스코가 건축한 산타 마리아 델 피오레 대성당은 기억하다 못해 꿈에도 가끔 나타나지. 그런데 이모, 그것 말하려는 거 아냐? 브루넬레스코가 성당의 돔을 연구하기 위해 이곳 판테온에 와서 기법을 알고 갔다는 것?"

이모가 눈을 동그랗게 뜨고 말했다.

"와! 나는 너에게 많이 놀라고 있어. 나를 놀라게 하는 것이 벌써 몇 번째야? 짜무, 모방을 그리스 어로 '미메시스'라고 해. 플라톤

에 의하면 모든 예술적 창조는 미메시스의 형태라고 했어. 세상에 새로운 것은 없는 것 같아. 브루넬레스코는 이곳에 와서 모방을 했고, 또 많은 사람들이 다른 방식으로 모방을 했겠지."

"이모, 이집트의 피라미드를 모방해서 루브르 박물관의 입구도 유리 피라미드로 만들었다면서?"

"우아! 그래, 미메시스를 한 경우지."

*&%$@ 어려운 말이긴 해도 내 기억의 저장고 속에 넣어 두었다.

점심시간을 한참 넘긴 시간에 먹는 스파게티라 맛이 있을 거라고 생각했지만, 한마디도 하지 않고 깨작대며 스파게티를 먹는 언니가 신경 쓰여 맛을 느낄 수 없었다. 나도 아무 말 없이 이모와 눈빛을 마주치며 묵묵히 스파게티만 먹었다.

이모가 식당을 나서면서 말했다.

"자, 오늘 우리의 마지막 일정인 나보나 광장으로 가자."

신이 나지 않았다. 차라리 언니가 소리를 왁왁 질러 대는 것이 나아 보였다.

판테온(Pantheon)

🏛 Piazza della Rotonda, 00186, Roma
📱 39-06-68300230
⌚ 월~토 8:30~19:30, 일 8:00~13:00 (휴무) 1/1, 5/1, 12/25
※ 사정에 따라 관람 시간과 휴무가 바뀌니 주의!
📱 무료
💻 www.pantheonroma.com

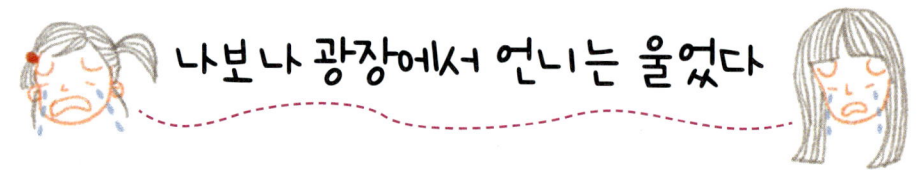
나보나 광장에서 언니는 울었다

나보나 광장은 판테온에서 그리 멀지 않았다. 이모는 이번엔 헤매지 않고 나보나 광장으로 쉽게 들어섰다. 나보나 광장은 직사각형으로 생긴 광장이었다.

"어때, 우리 금무가 나보나 광장 설명해 볼까?"

언니는 까칠하게 대답했다.

"이모, 나 설명할 기분 아니야! 이모가 대신해 줘. 아님 짜무가 하든지. 난 혼자 이 근처를 어슬렁거리고 싶어."

이모가 언니에게 눈길을 주며 말을 시작했다.

"나보나 광장은 도미티아누스 황제가 2000년 전에 지은 경기장으로, 원래 3만 명을 수용할 수 있는 스포츠 경기장이었지. 원래 이름은 '도미티아누스 스타디움'이었어. 이곳은 주로 달리기 같은 육상 경기장으로 사용되었지만, 가끔 경기장에 물을 채워 모의 해전을 벌이기도 했대. 나보나 광장은 바로 이 경기장 유적 위에 세워진 것이야. 짜무, 도미티아누스 황제 기억나니?"

나는 힘차게 고개를 끄덕였다. 언니가 기운 없이 축 처진 채 앉아 있다고 나까지 그럴 필요가 없었기 때문에.

"이모, 나 로마에 온 지 이제 나흘이잖아. 그런데 너무 많은 왕들과 금방 친해진

나보나 광장

것 같아. 도미티아누스 황제는 티투스의 동생이고 콜로세움을 지은 베스파시아누스 황제의 둘째 아들이라는 것, 머릿속에 정확히 저장되어 있어. 도둑이 들어와도 못 가져갈 지식이 되었지."

이모가 배롱나무꽃처럼 방글방글 웃으며 말했다.

"와! 우리 짜무가 눈부시게 발전하고 있네!! 지금의 나보나 광장은 옛날에 경기가 벌어졌던 운동장 자리이며, 광장 주변 건물은 관중석이 있던 자리지. 고대 경기장은 없어졌지만, 17세기에 인노켄티우스 10세 교황이 이곳을 되살렸어. 그는 가장 더운 달인 8월의 주말마다 이 광장에 물을 채워 물놀이 공원을 만들라고 해 로마 시민들이 즐길 수 있었대. 앞쪽으로 몸을 틀어서 4대 강의 분수 위에 세워진 오벨리스크를 볼래?"

신기하게 분수 위에 오벨리스크가 서 있었다. 나는 한눈으론 언니의 모습을 찾고 있었다.

"짜무, 그런데 이 오벨리스크는 이집트에서 만들어진 것이 아니라 로마에서 만

4대 강의 분수 위에 오벨리스크가 있다.

성당 위 성 아그네스 조각상

들어졌어. 도미티아누스 황제 가문인 플라비우스 가문을 찬양하는 내용으로, 이집트 상형 문자로 기록되어 있대."

드디어 언니의 모습을 발견했다. 언니는 거리에서 음악을 연주하는 사람을 둘러싸고 있는 사람들 속에 끼어 음악을 감상하고 있었다. 다행히 음악이 경쾌했다.

나는 주위를 둘러보다 성당 위 앳되게 생긴 한 소녀의 조각상에 눈길을 주었다.

"이모, 저 여자는 누구야? 분명 이야기가 담겨 있을 것 같아."

"와, 우리 짜무 눈이 예리한데……. 저 소녀는 성 아그네스라고 해. 로마 병사가 기독교를 믿는다는 이유로 소녀의 옷을 벗기고 화형을 하려고 하는데 불꽃이 갈라지면서 그녀를 감쌌대. 정확히 어느 시대인지 모르지만, 대체로 4세기 초반 기독교 박해가 있던 디오클레티아누스 황제 때 이곳에서 순교한 13세의 어린 소녀였다고 추측해."

"뭐야! 이모, 나와 동갑이잖아. 13세 소녀인 내가 저렇게 순교를 당한다면……. 윽, 나는 그런 용기가 없어……."

나는 이모와 함께 4대 강의 분수 앞에 섰다. 물소리가 시원했다. 겨울인데도 하늘을 향해 몸을 던지는 분수 물이 씩씩하게 느껴졌다.

4대 강의 분수

"4대 강의 분수는 베르니니의 작품이야. 4대 강은 라플라타 강, 나일 강, 도나우 강과 갠지스 강을 말해. 그런데 강을 의인화해서 사람으로 표현한 것이 재미있지 않니? 등을 돌린 채 천을 쓰고 있는 모습은 나일 강을 의인화한 거야. 겁에 질린 듯한 모습은 라플라타 강이고. 짜무, 혹시 그리스 신화에 나오는 아폴론과 다프네의 조각상을 사진에서 본 적 있니?"

나는 잠깐 생각에 잠겼다. 머리에서 반짝 밝은 전구가 켜지는 것 같았다.

"아, 알아! 아폴론이 큐피드가 쏜 금 화살을 맞고 다프네를 좋아하게 되었는데, 다프

보르헤스 미술관, 베르니니의 「아폴론과 다프네」

네는 납 화살을 맞고 자신을 쫓아오는 아폴론이 싫어 도망갔어. 다프네는 아폴론에게 거의 잡히려는 찰라, 물의 신인 아버지께 자신을 도와달라고 빌었어. 그 순간 다프네의 머리와 팔에서 올리브 나뭇가지가 죽죽 뻗어 나오는 거야. 나뭇가지엔 무성한 초록 잎사귀가 달려 있고. 이미 발은 나무뿌리가 되어 땅 위로 뻗치고 있었어. 결국 아폴론은 다프네를 포기하지만, 그래도 다프네를 기억하기 위해 경기에서 우승하는 사람에게 올리브로 만든 관을 씌우기로 하지. 그 조각품, 사진으로 봤어. 워낙 유명하잖아. 맞아?"

순간 이모의 손이 내 머리를 헝클어뜨렸다.

"으악! 이모, 나 머리 만지는 것 정말 싫어!"

나는 얼른 배낭에서 모자를 꺼내 썼다. 내 목소리가 너무 컸나 보다. 언니와 눈이 마주쳤다. 언니가 심하게 인상을 쓰며 나를 바라봤다. 피, 음악에나 열중하지.

"짜뮤, 바로 아폴론과 다프네의 조각상을 만든 사람이 베르니니야. 그 조각상은 보르헤스 미술관에 있는데, 어찌나 섬세하게 만들었는지 그 조각상 한 개만으로도 그곳에서 하루 종일 시간을 보내고 싶을 정도였어."

다른 사람이 말했다면 잘난 척이라고 퉁박을 주겠지만 이모라면 이해할 수 있다.

"자, 이제 우리 숙소로 가서 편하게 쉬고 맛난 저녁 먹자!!"

와우, 모처럼 길고 힘든 숙제에서 해방된 느낌이었다. 마침 첼로와 바이올린의 연주가 끝이 났다. 비발디의 사계를 연주한 것 같았다. 나는 언니 곁으로 걸어가 언니 팔목을 살며시 잡았다.

"언니, 가자!"

내 말이 언니 신경을 거슬렀나 보다.

"짜무, 쪼끄만 게 언니 귀찮게 하지 마! 너나 가! 네가 내 보호자니?"

언니는 내 팔을 뿌리쳤다. 그 바람에 나는 바닥에 엉덩방아를 찧고 말았다. 서러웠다. 꼭 이렇게 자신의 불편한 마음을 표현해야 하는지. 자신을 걱정하는 내 마음도 모르고. 쌓이고 쌓인 속상함이 나도 모르게 눈물로 터져 나왔다.

"뭔데 밀어? 언니면 다야?"

이모는 우리 둘이 하는 행동을 그냥 지켜보았다.

언니가 나를 두고 앞으로 뚜벅뚜벅 걸어갔다. 지나가는 사람들이 흘끔흘끔 나를 쳐다보았지만, 나는 모자를 더 눌러쓰고 그 자리에 앉아 눈물을 닦았다. 그냥 가 버린 언니가 야속했다.

그런데 내 어깨를 잡으며 언니가 소리쳤다.

"야, 짜무! 나 정말 힘들어! 왜 바닥에 앉아 있는 거야. 빨랑 일어서! 그렇게 찬 바닥에 앉아 있다 다시 감기 걸리면 어떡해, 이 바보야!"

그 말을 하면서 언니는 속이 터지는지 입술을 비죽비죽거리다 마침내 참았던 울음을 터트렸다.

이모가 얼른 달려와 나와 언니의 손을 잡아 이끌었다.

"안 되겠다. 우리, 호텔로 가기 전에 이야기 좀 하고 가자. 여기서 잠깐 걸어가면 테베레 강이니까 거기로 가자."

테베레 강 옆 벤치에 우리 셋은 나란히 앉았다. 이모가 언니 등을 토닥이며 말했다.

"우리 금무가 아주 힘든 모양이야……."

순간 언니가 서럽게 울음을 터트렸다.

"이모, 나 정말 힘들어. 나 처음으로 딱지 맞아 봤어. 내가 좋아하면 당연히 그 사람도 나를 좋아할 것이라고 믿었어……."

나는 진수 오빠를 떠올렸다.

"처음으로 좋아하는 사람을 만나서 며칠 동안 행복했거든. 그런데…… 진수 오빠는 이미 승숙이가 좋아하고 있었더라고……. 승숙이 말로는 서로 좋아한다는 거야……. 난 그 말을 믿을 수가 없었어. 진수 오빠가 나에게 얼마나 친절했는데……."

언니는 그 말을 하면서 다시 울먹였다.

"그래서 아까 트레비 분수에서 진수 오빠를 만났을 때 직접 물어봤어. 승숙이를 좋아하냐고?"

나는 숨을 죽이고 언니 입술만 바라보았다. 언니 입술이 달싹거렸다. 숨을 쉬는 것조차 하면 안 될 것 같았다.

"……."

언니는 가만히 있었다. 이모는 조용히 언니의 이야기를 기다리고 있었다.

"오빠가, 오빠가…… 승숙이와 사귀는 사이라고 말했을 때 나는 얼른 되받아쳤어. 둘이 결혼할 것 아니면 나와 사귀어도 괜찮은 것 아니냐고. 그런데 진영이가 다가와 내 몸을 밀치면서 그러더라고……. '넌 좋은 대학에 가더니 세상이 다 네 것처럼 느껴지냐?'라고. 따귀 때리고 싶은 것 참는 거라고, 앞으로 나를 볼 일 없을 거래……. 그러면서 나를 건방지고 재수 없는 계집애라고 하더라고."

언니의 어깨가 흔들리고 있었다. 언니는 얼굴을 손으로 감싸며 흐느꼈다.

"이모, 나 누군가를, 그것도 이성을 좋아해 본 것 처음이야. 그래서 순수한 마음을 전한 것인데……. 내가 그렇게 건방지게 느껴져?"

언니는 태어나서 처음으로 이렇게 무너져 보는 것 같았다. 이제 언니는 세상의 일들이 자기 뜻대로만 되는 것이 아니라는 것을 알게 된 것이다. 나는 그 일을 벌써 유치원 때 알게 되었는데.

이모는 아무 말 없이 이모 품에 안긴 언니의 등을 토닥이며 한마디만 했다.

"우리 금무가 성장통을 앓는구나……."

나는 벌떡 일어나 소리쳤다.

"언니, 진영 언니 전화번호 줘 봐! 까불고 있어. 지가 뭔데 언니를 건방지고 재수 없다고 해. 그걸 그냥 뒀어? 지금이라도 내가 트레비 분수 쪽으로 달려가 볼까? 정말 왕 재수야. 그렇게 안 봤는데! 글구 언니, 진수 오빠보다 멋진 남자 세상

에 많아. 잠깐 언니 눈에 콩깍지가 씌워진 거야."

내 말에 언니는 눈물로 그렁그렁해진 눈으로 나를 바라보며 피식 웃었다.

"야, 짜무, 쪼끄만 게 뭘 안다고……. 진영이 욕하지 마……. 한때 나와 둘도 없이 친했던 친구야……."

나는 계속 화를 북북 내고 있었다.

"친구라면 위로를 해야지, 그렇게 쫓아내는 것이 맞아? 뭐야? 게다가 따귀 때리고 싶다고? 언니 기다려. 내가 그 언니 만나면 언니 복수해 줄 거야. 알고 보니 로마가 좁더라고. 어제 봤던 사람도 유적지에서 또 만나는 경우가 허다해."

나는 아예 허리에 두 팔을 올리며 화를 참지 못해 으르렁거렸다.

언니가 내 모습을 보더니 웃음을 터트렸다.

"뭐야? 짜무, 너 때문에 웃음이 나오잖아. 됐어. 너 일부로 오버하는 거지? 됐어."

나는 언니에게 다정하게 말했다.

"언니, 털어놓기 잘했어. 정말 잘했어. 식구가 뭐야. 마음속에 있는 것 다 털어놓고 말하는 것이지."

내 말에 언니가 잊은 것이 생각난 듯 이모에게 물었다.

"근데 이모, 신성호 작가가 누구야? 말해 줘."

이모가 자리를 털며 말했다.

"며칠 후에 말해 줄게. 기분이 울적할 땐 매운 것을 먹는 것이 좋지! 얼큰한 컵라면, 어때?"

언니와 나는 얼른 고개를 끄덕이며 소리쳤다.

"그래! 좋은 생각이야!"

우리 셋은 기분 좋게 전철역을 향해 걸었다. 생각보다 긴 거리였지만 버스 타는 것보단 전철이 시간 단축에는 나을 것 같았다.

 디오클레티아누스 목욕장에서 미켈란젤로를 만나다

아침 일찍부터 서둘렀다.

"오늘 일정은 바쁠 것 같아. 많이 걸어야 하니까 아침 든든하게 먹으렴."

또 같은 소리. 많이 걷는다는 소리가 내 귀에는 짜증스럽게 들렸다.

"우리 호텔에서 아주 가까운 곳인 공화국 광장과 디오클레티아누스 목욕장을 방문한 후, 하드리아누스 묘지와 아우구스투스 묘지를 갈 거야."

다행히 다 아는 이름이었다. 로마에 관한 책과 여러 유적지를 돌다 보니 왕의 이름들이 빵에 건포도 박히듯 쏙쏙 내 머리에 들어왔다.

언니는 걷는 것을 싫어했다.

"여행 오면 왜 이렇게 많이 걸어야 해? 이모, 택시 타면 안 돼?"

이모가 단번에 되받아쳤다.

"택시 요금이 얼마나 비싼데. 웬만하면 걸어가야지."

이모가 따끔하게 한마디 하자 언니는 툴툴거리면서도 이모 뒤를 따라왔다.

우리가 도착한 공화국 광장은 테르미니 역에서 5분 거리였다.

"이곳이 이탈리아 어로는 '레푸리카'라고 하는 공화국 광장이야. 공화국 광장도 예전엔 디오클레티아누스의 목욕장이었어."

디오클레티아누스의 목욕장이었던 천사들과 순교자들의 성모 마리아 대성당

　디오클레티아누스 목욕장을 개조하여 만든 성당의 이름은 '천사들과 순교자들의 성모 마리아 대성당'이다.
　우리는 성모 마리아 대성당으로 들어갔다. 이모는 다른 사람들을 방해하지 않기 위해 소곤거리는 말로 설명을 했다.
　"누메리아누스 황제의 경호대장 디오클레티아누스는 해방 노예의 집안에서 태어나서 군대에서 인생을 보낸 사람으로, 강직한 성격과 결단력이 있는 사람이었어. 누메리아누스 황제가 근위대장의 손에 살해당하자 284년, 군대는 디오클레티아누스를 황제로 추대했어. 그에 대해서는 콘스탄티누스 개선문을 설명할 때 말한 것 기억나니?"
　언니가 말했다.
　"기억하고 있으니까 건너뛰어, 이모!"
　이모가 씨익 웃더니 말했다.
　"그래, 디오클레티아누스 황제에 대해 말 안 한 것만 간단히 말할게. 그는 자신을 유피테르의 화신이라고 신으로 받들도록 했지 뭐냐! 그러다 보니 기독교에 대해 무자비하게 탄압했지."

이모가 하는 이야기는 콘스탄티누스 대제의 개선문 이야기를 들을 때 들은 이야기다. 책에서도 읽었고. 자꾸 듣다 보니 마치 처음부터 알고 있었던 이야기로 느껴질 정도였다.

"그는 건설에 대한 욕심이 매우 컸던 사람이었대. 로마의 인구 밀집 지역에 로마 제국 최대의 목욕장을 건설하도록 했는데, 거의 1만 평에 가까운 규모에 목욕장을 세웠지. 이 공사를 위해 기독교 신자 1만 명을 동원하여 강제 노동을 시켰다고 해. 이 목욕장은 8년 동안 공사하여 305년에 문을 열었대. 목욕장에 한꺼번에 3000명을 수용했다고 하니 카라칼라 목욕장의 두 배나 되지. 어마어마한 크기지! 대욕장에는 집회실과 온욕실, 체육관 등을 갖추고 있었다고 해. 이 목욕장에 들어오면 벽면과 바닥이 화려한 대리석으로 장식되어 있었다고 하니 왕궁에 들어온 기분이 들었을 것 같아. 5, 6세기 게르만 민족의 침입으로 파괴되었지만 16세기에 복원이 시작되어 성당 건설이 이뤄졌어. 디오클레티아누스의 목욕장을 만들 때 강제 노동으로 순교한 기독교 신자들을 추모하기 위해 1561년, 교황 피우스 4세는 86세의 노인 미켈란젤로를 불러 목욕장 폐허를 성당으로 만들라고 했어. 미켈란젤로는 엄청나게 큰 욕장의 일부에 100개의 기둥과 아치를 세워 성당을 만들었지. 햇빛이 찬란하게 들어오는 높이 91미터의 광대한 회랑이 우람하면서도 멋진 모습으로 서 있는 것이 보이지?"

위를 쳐다보니 우람하면서도 세련된 곡선의 정면 장식이 미켈란젤로가 왜 천재인지 알려 주는 것 같았다.

이모 말을 듣고 지금은 성당이 된 이곳을 둘러보니 목욕하러 왔다가 왕궁에서 놀다간 기분이 들었을 것 같았다. 아마도 디오클레티아누스 황제는 로마 시민들로 하여금 로마 시민이라는 자부심을 갖게 하기 위해 계획적으로 이런 목욕장을 만든 것 같았다. 게다가 자신을 유피테르 신이라고 했으니, 신이 세운 왕궁 같은

미켈란젤로가 만든 성모 마리아 대성당 천장

공화국 광장에 있는 요정들의 분수

목욕장에서 신의 시민들은 목욕할 자격이 있다고 은근히 부추긴 것은 아닐까?

"이모, 천장을 봐! 미켈란젤로의 손길이 느껴지지 않아? 사랑하는 미켈란젤로의 작품이니까."

이모가 피식 웃었다. 언니가 급하게 끼어들었다.

"뭐야? 이모가 사랑하는 사람이 신성호 작가가 아니라 미켈란젤로였던 거야!! 너무 슬프잖아. 이미 죽은 사람을 사랑하고. 그럼 이모는 미켈란젤로처럼 턱에 수염을 기르고 코가 납작하게 눌린 남자만 보면 숨이 턱 막히는 거야?"

언니가 하는 말에 나는 원숭이처럼 끽끽 웃었다.

목욕장 바깥의 서쪽에 해당하는 공간은 지금은 공화국 광장이 되었다. 이 광장의 한가운데에는 20세기 초에 세워진 '요정들의 분수'가 있다. 분수에서는 맑은 물이 끊임없이 물보라를 일으키고 있었다.

맞다! 역사도 저렇게 끊임없이 흐르고 있는 것이다. 과거 없이 현재는 있을 수 없다. 고대 역사는 로마에만 멈춰 있는 것이 아니라 유럽에서 세계로 강물처럼 흐르고 있는 것이다.

이모가 광장을 걸으며 말했다.

"공화국 광장은 이탈리아 통일 후인 19세기 후반에 완성됐는데, 엑세드라 광장이라고도 불러. 자, 이제 하드리아누스 황제의 묘였던 천사의 성을 향해 가자."

어차피 갈 것인데 기분 좋게 가야지, 그런 생각을 하면서 힘차게 발을 내디뎠다.

천사들과 순교자들의 성모 마리아대성당 (Basilica di Santa Maria degli Angelie dei Martiri)

- 🏛 Piazza della Repubblica Via Cernaia 9, 00185, Roma
- 📱 39-06-4880812
- 🕐 07:30~19:00 (일요일, 기독교 축일은 19:30까지)
  ※ 사정에 따라 관람 시간과 휴무가 바뀌니 주의!
- 📖 무료
- 💻 www.santamariadegliangeliroma.it

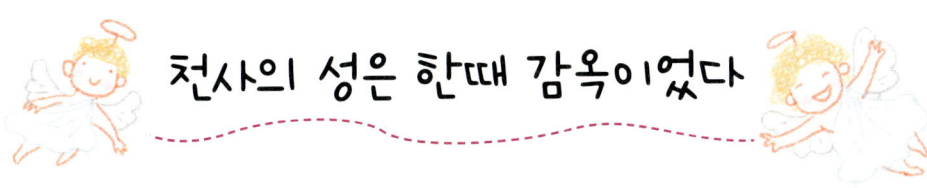

천사의 성은 한때 감옥이었다

며칠 내린 비로 테베레 강물은 불어 있었다. 콸콸콸 소리를 내며 흘러가는 흙빛 물이 성이 난 모습이었다.

테베레 강 옆에 있는 천사의 성은 씩씩해 보였다. 천사의 성 앞에서 보면 성 베드로 대성당이 한눈에 보인다. 이모가 설명한 것을 되새기며 천사의 성을 바라보았다.

엘리오 다리와 천사의 성

천사의 성

테베레 강 건너 늠름한 장군의 모습처럼 자리하고 있는 천사의 성은 한때 감옥으로 사용되기도 했다. 하지만 원래 하드리아누스 황제가 자신과 가족의 묘지로 사용하기 위하여 건설을 시작했는데, 그가 죽고 난 1년 후 139년에 안토니누스 피우스 황제가 완공을 했다. 폭 89미터, 높이 15미터로 원형의 큰 항아리처럼 생긴 묘지다. 중앙의 커다란 방에는 하드리아누스부터 카라칼라까지의 황제들이 묻혀 있다. 성의 꼭대기에는 천사의 조각상이 세워져 있다.

천사의 성 꼭대기의 천사 조각상

이번엔 언니가 수첩을 보고 설명을 시작했다. 천재 언니도 많은 유적지를 설명하는 데 한계가 온 것일까?

"로마의 테베레 강에는 많은 다리가 놓여 있는데, 다 아름답지만 그중 가장 특징이 있는 다리를 꼽으라면 단연 천사의 성과 도심을 이어 주는 엘리오 다리일 거야. 지금 우리가 서 있는 다리 말이야!! 509년에 교황 그레고리우스는 당시 로마를 초토화시킨 페스트를 퇴치하기 위해 기도하던 중에 천사의 환상을 보았어. 천사는 영묘의 꼭대기에 서서 칼집에 칼을 집어넣고 있었는데, 그것은 신의 은총이 내린 것을 뜻했대. 그 후 이 천사를 기념하여 예배당이 세워졌고, 천사의 모습이 대리석으로 조각되어 세워졌다가 18세기 중엽에 청동상으로 바뀌었대. 이 성 안에는 교황의 방, 감옥 등이 그대로 남아 있대. 이모, 확인하러 들어가자!!"

천사의 성 안으로 가는 길

우리는 표를 끊고 천사의 성 안으로 들어갔다. 다행히 어둡지는 않았다.

왼돌이 달팽이의 껍질처럼 꼬인 길을 걸어가며 이모는 설명을 했다.

"트라야누스 황제는 로마 제국의 국경을 최대로 넓혔지. 그 뒤를 이은 하드리아누스 황제는 국경을 넓히는 것보다는 내실을 기하는 데 힘을 썼어. 그래서 그가 다스리는 동안에 로마 제국은 평화와 복지를 누렸대. 하드리아누스 황제 때는 전쟁의 북소리가 그쳤다고 해. 하드리아누스는 트라야누스 황제와 먼 친척 관계로, 트라야누스의 친척과 결혼했다지. 그는 뛰어난 군인이자 탁월한 정치가였고, 지식의 폭이 넓었으며, 미술, 음악, 문학 등 모든 예술 분야에 깊이가 있었대. 또한 나처럼 여행을 무척 좋아해서 그가 로마를 다스리던 21년 중 자그마치 12년 동안 로마 제국의 구석구석을 돌아다녔다고 하니 1주일의 4일은 여행을 한 셈이야. 그런데 그렇게 멋진 그도 변덕스럽고 우악스러웠대. 그래서 그가 죽은 후, 원로원은 그의 모든 업적과 기록을 없애 버리려고 했는데, 다행스럽게도 후계자 안토니누스가 하드리아누스의 명예를 손상시키지 않기 위해 최선을 다했대. 안토니누스는 이렇게 선황 하드리아누스에게 충성하는 마음이 지극했어. 그래서 '충성스런'이란 뜻의 '피우스(Pius)'라는 말이 이름에 덧붙여져 '안토니누스 피우스'라고 불리었다지. 하드리아누스는 자신이 직접 건축 설계하는 것을 즐겨 판테온을 완전히 새로운 모습으로 다시 건축하기도 했지. 그는 62세에 세상을 떠났는데, 그의 유골은 테베레 강변, 자신이 세운 바로 이곳 묘지에 묻혔지."

이모의 말을 들으면서 우리는 천사의 성 안 꼭대기까지 도착했다. 천사의 모습이 보였다. 로마 시의 모습도 한눈에 들어왔다. 비가 오지 않아 하늘이 말갛고 푸르렀다. 멀지 않은 곳에 판테온의 모습이 보였다.

이모가 다시 나지막이 말했다.

"하드리아누스가 자신의 묘소로 쓸 거대한 묘지를 계획한 건 아우구스투스의 묘지가 세워진 지 약 150년 뒤의 일이야. 아우구스투스의 묘지에는 98년에 네르바 황제가 묻힌 이후 더 이상 자리가 없었기 때문이래. 하드리아누스는 테베레 강

천사의 성 꼭대기에서 본 로마 시내

❶ 하드리아누스 황제의 묘지를 묘사한 모습 ❷ 하드리아누스 황제 조각상

건너편인 이곳에 터를 잡았는데, 아우구스투스 묘지는 이곳에서 멀지 않지. 이 묘지의 윗부분에는 네 마리의 말이 끄는 마차를 탄 하드리아누스 황제의 금빛 청동상이 있었다고 해. 이 묘지는 당시 로마 시에 있는 건축물 가운데 콜로세움 다음으로 웅장한 건축물이었다고 전해져. 이 무덤은 로마의 역사와 함께 기능도 바뀌었어. 3세기 후반에는 테베레 강 하류 지역을 방어하는 아우렐리아누스 성벽의 일부가 되어 로마를 지키는 보루가 되었고, 10세기에는 바티칸 궁전을 방어하는 요새가 되었어. 로마로 파견된 독일 용병들이 로마를 마구 약탈하던 1527년에는 교황 클레멘스 7세가 이곳에 피신해 있기도 했대. 그 후에는 정치범들이 수감되고 처형되는 악명 높은 감옥이 되기도 했어."

우리는 클레멘스 7세가 피신해 있을 때 썼던 방과 예배당을 보고 다시 내려왔다.

"이모, 왕들이 자신의 묘지를 만드는 데 열심인 까닭은 후세에도 잊히고 싶지 않은 이유 때문일까? 잊히고 싶지 않다면 묘지보다는 선한 정치를 하는 것이 더 나을 것 같아."

천사의 성에서 본 테베레 강과 엘리오 다리

내 말에 언니가 외쳤다.

"어쭈, 짜무! 제법인걸. 암튼 로마에 와서 나는 널 다시 보게 되었어. 한국에서는 쪼끄만 게 뭘 알까 생각했는데……."

우리는 테베레 강을 따라 아래로 걸어갔다.

"15분 정도 걸어가면 아우구스투스 황제의 묘지가 있단다. 그 정도는 걸을 수 있지?"

이모 말에 나는 입술을 삐죽 내밀었지만 걷는 일에 익숙해져 그 정도 거리는 참을 수 있을 것 같았다.

천사의 성 (Castel Sant'Angelo)

- Lungotevere Castello, 50, 00193, Roma
- 39-06-6819111
- 화~일 9:00~19:30, 금 9:00~22:00 (휴무) 월요일, 1/1, 12/25
  ※ 사정에 따라 관람 시간과 휴무가 바뀌니 주의!
- 10.50유로
- www.castelsantangelo.com

고즈넉한 아우구스투스 황제 묘지에서

아우구스투스 황제 묘지의 위치는 테베레 강과 로마의 주요 도로인 비아 플라미니아 사이였다. 이모가 걸음을 멈춘 곳에는 평화의 제단 기념관인 아라 파치스가 햇살을 받아 하얗게 반짝이고 있었다. 하얀색의 현대식 건물이 인상적이었다.

언니가 외쳤다.

"와! 나 이런 건물 마음에 들어! 단순하면서도 절제미가 있어! 이모, 평화의 제단은 아우구스투스가 내전을 끝내고 평화가 온 것을 기념해서, 또 평화가 영원히 지속되기를 기원해 기원전 13년 착공해 기원전 9년에 완성한 것이지? 평화의 제단은 미국 건축가 리차드 마이어의 설계로 세워진 건물 안에 보존되어 있는 것 맞지?"

이모가 싱긋 웃으며 고개를 끄덕였다. 우리가 유적지에 대해 술술 이야기를 하면 이모의 표정은 아주 밝고

평화의 제단

아우구스투스 황제의 묘지

행복해 보였다.

  길을 사이에 두고 테베레 강의 맞은편에 있는 아우구스투스 황제의 묘지는 생각보다 초라했다.

  이모가 말했다.

"아우구스투스 황제가 자기를 위해서 세운 묘지인데, 아내인 리비아나 가문 사람들도 여기에 잠들고 있어. 율리우스 카이사르의 누이동생 율리아에게는 가이우스 옥타비아누스라고 하는 손자가 있었어. 옥타비아누스는 18세가 되던 해에 그리스에서 공부하고 있었는데, 카이사르의 암살 소식을 듣고 즉시 로마로 돌아왔어. 그다음 해에는 안토니우스와 함께 카이사르의 원수를 갚으러 마케도니아까지 건너가 브루투스와 카시우스의 군대를 격파했단다. 그런데 그것 아니? 안토니우스는 목이 몹시 굵었어. 그는 자신을 헤라클레스의 혈통을 타고났다고 했어. 짜무, 너는 그리스 신화에 대해 잘 알고 있잖아? 헤라클레스도 목이 굵었니?"

이모의 갑작스러운 질문에 나는 고개를 갸웃거렸다. 헤라클레스가 팔뚝이 굵고 몸통이 완전 근육질인 것은 사실이지만 목이 굵은 것까지는 잘 모르는 일이었다.

이모가 싱긋 웃더니 이야기를 계속했다.

"옥타비아누스와 안토니우스가 복수전에서 승리한 다음 해인 기원전 40년에 아내를 잃은 안토니우스는 옥타비아누스의 누이 옥타비아와 결혼을 하게 되었어. 그런데 안토니우스는 이집트에서 만난 클레오파트라에게 마음을 뺏겨 옥타비아와 이혼하고 말았지 뭐냐! 결국 기원전 31년, 옥타비아누스는 악티움 해전에서 클레오파트라와 연합한 안토니우스 군을 물리쳤단다. 안토니우스는 스스로 목숨을 끊었고, 옥타비아누스가 클레오파트라를 포로로 잡아 로마로 끌고 가겠다고 하자 클레오파트라도 자살의 길을 선택했어. 옥타비아누스는 드디어 천하를 평정했어. 그리고 '존엄한 자'라는 뜻의 '아우구스투스'로 불리게 되었어. 아우구스투스는 전쟁을 끝내고 로마에 평화를 가져왔지. 그는 로마를 벽돌에서 대리석으로 바꾼 장본인이지만 자신은 아주 소박하게 살았어. 그의 집은 보통 시골 사람들의 집처럼 평범했고, 그가 태어나고 어린 시절을 보낸 방은 창고라고 할 정도로 허름했대."

아우구스투스 황제의 묘지 묘사도

나는 힘차게 고개를 끄덕였다.

"역사학자 수에토니우스에 의하면 아우구스투스는 한 집에서 40년 동안 한 방에서만 살았고, 그의 침대와 이불도 서민들이 사용하던 것과 다를 바 없었대. 소박하게 살았던 그는 죽은 후에는 거대한 묘지인 이곳에 묻혔어. 기원전 29년, 아우구스투스는 이집트의 알렉산드리아에서 로마로 돌아오자마자 자신의 묘지 건축부터 시작했지. 30대 중반뿐이 안 되었는데도 자신의 묘지 건축을 서두른 데는 이유가 있었대. 클레오파트라와 함께 이집트의 알렉산드리아에 묻어 달라고 했던 안토니우스의 유언을 들은 로마 시민들은 심한 배신감을 느꼈어. 그것을 안 아우구스투스 자신은 안토니우스와 다르다는 것을 로마 시민들에게 보여 주기 위해 기념비적인 묘지 건축을 서둘러 한 것이지. 자신은 죽으면 조국 로마에 묻힐 것이라는 의지를 로마 시민들에게 확실히 보여 준 거래. 이 묘지는 높이 40미터에 지름이 87미터나 되는 원통형 위에 지름이 더 작은 원통을 올린 모양이야.

주로 오리엔트 지방(서남아시아와 극동 및 이집트를 두루 이르는 지역)에서 쓰던 묘지 형태였대. 각 층마다 사이프러스 나무를 둘러 가며 심었는데, 이것은 이탈리아 중부 지역인 에트루리아의 영향이라고 해."

짙은 초록색의 사이프러스 나무를 보자 반 고흐의 그림 「삼나무와 밀밭」에 있는 사이프러스 나무 생각이 났다. 반 고흐의 그림에서 사이프러스 나무를 많이 봤다. 반 고흐는 사이프러스 나무를 이집트의 오벨리스크를 보는 것 같다고 했다. 으훗, 읽어 놓은 책들 속에 있던 지식이 다른 지식과 연결되어 살아 있는 사람처럼 내 앞으로 툭툭 튀어나오는 모습을 볼 때면 기분이 상큼하게 좋아진다.

"14년에는 이 묘지에 아우구스투스가 묻혔대. 후세의 사람들은 이 묘지를 개인 정원으로 만들기도 했고, 투우 경기장으로도 이용했고, 음악당으로도 사용했는데, 현재는 유적의 모습을 되살려 보존하고 있대."

언니와 나는 이모를 향해 크게 손뼉을 쳐 주었다. 주변에 사람이 없이 고즈넉했기 때문에 큰 소리를 칠 수 있었다.

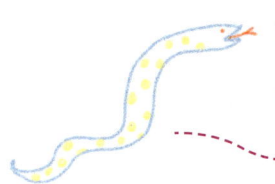 바티칸 미술관에서 아테네 학당을 만나다

아침은 늘 그렇듯이 똑같은 음식이었다. 이모는 하던 말을 똑같이 했다.

"기회 있을 때 든든히 먹어 둬! 점심을 제시간에 먹을 수 있을지 확신할 수 없거든."

그 말은 신경을 자극했다.

"쫌, 이모, 그 말은 안 하면 안 돼? 오늘 혹시 성 베드로 대성당에서 점심 먹을 곳이 없어 굶는 거야?"

나는 시리얼을 먹으면서 짜증 섞인 목소리로 말했다.

"점심시간을 놓칠 수도 있다는 말이지."

이모는 빵에 버터를 발라 입에 가득 넣다가 나에게 한마디만 말하고 입을 오물오물거렸다.

언니가 아기같이 음식투정을 했다.

"늘 같은 말은 지겨워. 음식도 늘 같으니까 지겹고. 엄마가 해 주는 샌드위치가 그립다."

이모는 커피를 마시더니 자리를 털고 일어섰다.

"자, 오늘 일정은 어제 말했듯이 조금 바빠."

바티칸 미술관

언니는 입술을 비죽이며 일어섰다.

바티칸은 전철역에서도 한참을 걸어갔다. 많은 사람들이 바티칸을 향해 걸어가는 것 같았다. 그 사람들 뒤만 따라가도 길을 제대로 찾을 수 있을 것 같았다.

"우선, 바티칸 미술관부터 가자."

이모는 짧고 분명하게 말했다. 언니는 그 말투가 기분 나쁜 모양이었다. 나는 이미 경험을 했기 때문에 이모의 말투에 적응이 되었다.

"왜 항상 이모 말투는 명령조야? 암튼 기분 나빠."

벌써 바티칸 미술관에 들어가려는 사람들로 긴 줄이 이어지고 있었다.

이모가 시간을 보내기가 아까운지 언니와 나에게 작은 소리로 말했다.

"바티칸은 세계에서 가장 작은 국가야. 바티칸은 1929년에 탄생해 역사도 짧지. 바티칸은 가톨릭교회의 소유이며 교황이 다스린단다. 실제로 바티칸 궁전에 사는 사람은 교황을 포함해 800명밖에 되지 않는대. 그런데 해마다 400만 명이 넘는 사람들이 바티칸을 찾아온다지."

나는 그 숫자에 우리도 포함된다는 것에 머리를 끄덕였다.

"교황의 정원은 바티칸 전체 면적 가운데 거의 절반을 차지한대. 정원에는 분수와 조각상 들이 있고 교황 전용 헬리콥터 이착륙장도 있대. 교황의 정원을 가장 잘 볼 수 있는 방법은 성 베드로 대성당의 꼭대기인 큐폴라(반구형의 둥근 지붕)에 올라가는 거야. 거기 가면 한눈에 다 볼 수 있지. 이따가 성 베드로 대성당을 둘러본 후 큐폴라까지 올라갈 거야."

으악! 올라간다는 말 때문에 다리가 벌써 후들거렸다.

언니가 불퉁거리며 말했다.

"난 안 가! 왜 이모 맘대로 큐폴라 간다고 해?"

어제만 해도 언니는 이모 품에서 울기까지 했다. 그런데 오늘은 뭔가가 마음에 안 드는지 아주 까칠해졌다. 이모의 얼굴도 험상궂어졌다.

"니 맘대로 하든지. 하지만 나중에 후회할걸."

성 베드로 대성당 큐폴라에서 바라본 교황의 정원

와, 이모가 마녀 이모의 모습으로 돌아왔다. 그동안은 이모가 너무 나긋나긋해서 혹시 자신이 마녀 이모라는 것을 잊었나 하고 생각했는데.

이모는 나를 보며 물었다.

"짜무, 넌 어떻게 할 거니?"

나는 주춤거렸다. 꼭대기까지 올라가고 싶진 않지만 이모 말을 따르는 것이 후회가 없을 것 같았다. 나는 대답 대신 언니를 설득했다.

"언니도 같이 가자. 이모 말 들으면 후회할 것 하나도 없어."

내 말에 언니는 사나운 눈빛으로 말했다.

"야, 쪼끄만 게 뭘 안다고? 내가 니처럼 어린애니?"

부아가 치밀었다.

"언니, 나 다음 주에 졸업식 하거든. 그리고 자꾸 '쪼끄만 게'라고 하는데 그러다가 큰 코 다친다."

내 말에 언니는 아주 쌀쌀맞은 얼굴로 말했다.

"뭐야? 큰 코 다쳐. 요게, 까불고 있어?"

줄 서 있는 사람들이 나와 언니를 번갈아 쳐다보았다. 그사이 우리 줄은 어느새 미술관 입구 가까이까지 도착했다. 표를 끊고 미술관이 있는 위를 향해 올라갔다.

"죽은 교황들 중에 성 베드로 대성당에 묻힌 교황이 많아. 베드로 성당이라고 이름이 붙여진 이유는 바로 이곳에서 예수님의 제자 베드로가 거꾸로 십자가에 달려 처형되었기 때문이야. 베드로 성당은, 즉 베드로를 기념해서 지은 성당이지. 너희들, 지금 교황은 프란치스코 교황이라는 것 알고 있지? 2014년 8월에 그분이 우리나라를 방문한 것 기억하지? 그분은 고통당하는 사람들을 찾아가 위로해

바티칸 미술관

주며 스스로 자신을 낮춰 작은 차를 타고 다니는 데다 아이들을 만나면 걸음을 멈추고 축복해 주는 자상한 분이지. 교황이 죽으면 그다음 교황직을 맡을 사람을 추기경들이 모여서 비밀 투표를 한단다. 교황이 뽑히면 투표용지를 화학 물질과 함께 태워 흰 연기를 낸대. 하지만 실패했을 때는 검은 연기를 낸다지. 교황을 뽑는 그 일을 '콘트라베'라고 하는데, 그 일을 하는 방으로 가게 될 거야."

이모의 말이 끝나자마자 나는 조심스럽게 말했다.

"이모, 혹시 그 방이 미켈란젤로의 '천지 창조'와 '최후의 심판'이 있는 방 아니야?"

이모가 싱긋 웃으며 고개를 끄덕였다.

미켈란젤로는 이모가 사랑하는 화가다. 나는 은근히 걱정이 되었다. 작년처럼 이모가 미켈란젤로의 작품을 보고 심장이 멈추면 어쩌지, 옆에 이모를 도와줄 신성호 작가도 없는데…….

우리는 이층으로 올라가 정원으로 들어섰다. 하늘에서 유리창으로 빛이 나풀대며 내려왔다.

이모가 왼쪽으로 몸을 틀었다.

"여기에 우리 짜무가 엄청 좋아하는 작품이 있지?"

❶ 올려다 본 바티칸 미술관 내부 계단 ❷ 바티칸 미술관 복도

나는 짐작이 가 실웃음을 웃었다.

언니가 이죽거리며 말했다.

"이모, 원래 이번 여행은 나를 위한 여행 아니었어? 그런데 주객이 바뀐 것 같아. 이몬 너무 우리 짜무, 우리 짜무 하는데, 이번 여행은 내가 대학생이 된 기념으로, 게다가 건축학을 전공할 학생으로서 온 여행이라는 것 알 텐데……. 앤 꼽사리로 온 아이라구."

아예 언니는 따질 듯이 덤볐다.

"언니, 그렇게 말하면 언니 마음이 편해? 그래, 난 깍두기처럼 온 아이니까 언니가 주인공이야. 맘껏 즐겨."

우리 사이가 험악해지자 이모가 딱 잘라 말했다.

"여기까지 온 것은 우리 모두 운이 좋은 거야. 누가 주인공이고 조연이라는 말 너무 유치하지 않니? 유물들과 눈 맞춤을 많이 하고 깊이 사귀고 가는 사람이 제대로 즐기고 가는 사람이고, 그 사람이 이번 여행의 주인공이야. 할 말 더 있어?"

이모 말에 언니가 부루퉁하게 맞섰다.

"암튼 이모 말은 맞는데 이상하게 짜증이 난다."

바티칸 미술관의 「라오콘」

우리는 팔각 정원에 있는 라오콘 상 앞에 섰다. 라오콘과 그의 아들이 뱀에게 휘감겨 고통스러워하는 모습이 너무 실감나게 보였다.

이모가 말했다.

"이 라오콘은 원래 네로의 황금 궁전에 있었다는 것 알고 있지? 라오콘에 대해 금무와 우리 짜무 중 누가 말해 볼래?"

언니가 인상을 썼다.

"이모, 또 차별했어. 우리 짜무라고 꼭 붙이는데 나는 꼭 금무야. 암튼 기분 나빠. 라오콘에 대해선 나는 잘 모르고 게다가 네로의 황금 궁전에 있었다는 것도 지금 알았어. 짜증 나는 은무, 네가 해 봐."

아예 언니는 명령조로 말했다.

사춘기 소녀처럼 툴툴거리는 언니 앞에서 설명을 하려니 짜증이 가득했지만 마음을 다독거렸다. 그래, 나만 보면 '쪼끄만 게 알지도 못하면서.'라는 말을 입에 달고 사는 언니에게 근사하게 해 보이자.'라며 나는 내 자신에게 속삭였다.

"트로이와 그리스의 전쟁이 쉽사리 끝나지 않고 10여 년을 끌자 오디세우스는 꾀를 냈지. 아테나 여신에게 평화를 비는 제물로 거대한 목마를 만들어서 자신들의 진영 한가운데 놓고, 시논이라는 병사 한 명만 남기고 그리스군은 후퇴를 하는 척한 거야. 시논은 트로이군에게 자신은 오디세우스에게 버림받은 병사로, 큰 목마는 아테나 여신에게 평화를 비는 제물로 만든 것이라고 했어. 트로이군은 그 목마를 자신들의 아테나 신전에 제물로 바치면 좋을 것이라고 해서 끌고 들어가기 시작했지. 그런데 트로이의 사제인 라오콘은 절대 목마를 안으로 끌고 가면 안 된다고 말하며 목마에 창을 던졌어. 그 순간 거대한 두 마리의 바다뱀이 아침 안개 속에서 해변으로 올라오는 거야. 그러더니 순식간에 라오콘의 두 아들을 덮쳐 옥죄기 시작했어. 아버지 라오콘이 두 아들을 구하러 달려갔지만, 괴물은 라오콘에게 달려들어 라오콘의 목과 몸을 옥죄었어. 결국 라오콘은 비명을 지르며 죽고 말았지. 트로이군은 아테나 여신을 대신해서 바다뱀이 라오콘에게 복수했다고 생각했어. 그래서 여신의 화를 가라앉히려면 거대한 제물을 성 안으로 들여야 한다고 믿은 거야. 그래서 삼으로 꼰 밧줄로 목마를 묶어 성 안의 아테나 신전 안뜰로 끌어들인 후, 승리의 축제를 벌였어. 노래하고 춤추고 그리고 어둠이 내리자 제각기 집으로 돌아갔네……. 그런데 아뿔사, 시논이 아가멤논 왕의 신호를 받고 목마 안에 숨어 있던 그리스의 특공대원들에게 새소리를 내자 목마 안에 숨어 있던 오디세우스와 특공대원들이 밖으로 나왔어. 그러고는 밀려오는 그리스군을 위해 트로이의 성문을 열어 주고 트로이를 불바다로 만들고 말았어. 그래서 트로이는 결국 망하고 말아. 약 기원전 1200년 때의 일이야."

내 이야기를 조용히 듣고 있던 언니 얼굴에 놀라움이 가득했다. 이모가 두 손으로 박수 치는 흉내를 내며 말했다.

"와, 정말 놀랍다! 이번 여행에서 나는 우리 짜무에게 몇 번이나 감탄을 했어."

언니가 피식 웃으며 말했다.

"짜무, 제법인데……."

나는 내 앞에 있는 라오콘의 모습을 바라보았다. 두 아들과 라오콘은 뱀의 몸에 친친 감겨 고통스럽게 울부짖고 있다. 왼편에 있는 작은아들은 거의 죽은 상태로 입을 벌려 마지막 숨을 쉬는 것처럼 보였다. 아직도 바다뱀과 사투를 벌이고 있는 라오콘의 얼굴에는 온갖 괴로움과 고통이 범벅이 되어 있다. 오른쪽에 있는 큰아들은 뱀의 몸통에서 벗어나려고 힘을 쓰고 있다. 아버지에게 도와달라고 고통으로 소리를 지르며 안간힘을 쓰고 있지만 곧 동생처럼 죽음에 이를 것처럼 보인다.

언니는 사진을 찍느라 분주했다. 나에게도 라오콘과 두 아들 앞에 서 보라고 주문을 했다.

"짜무, 작품에 담겨 있는 이야기를 다 알고 있는 너와 이 작품이 꽤 잘 어울려. 너도 라오콘처럼 비명을 질러 보렴."

별로 달갑지 않았지만 모처럼 언니 기분을 맞춰 주려고 나는 주변 사람들을 생각해 소리는 지르지 않고 입을 벌리며 몸을 비틀었다.

"으훗, 좋아!"

우리 셋은 모처럼 마음이 하나가 되었다.

"조금 더 앞으로 걸어가자."

이모가 뮤즈의 방에서 발걸음을 멈췄다.

"웬 대리석 덩어리? 팔다리가 잘려졌는데 뭔가 의미가 있나?"

팔다리와 머리가 없는 대리석 앞에서 이모가 깊은 생각에 잠겨 있는 것을 보고 언니가 이상한 듯 말했다.

헤라클레스로 여겨지는 토르소

"맞아, 그냥 별 생각 없이 보면 깨진 대리석 덩어리처럼 보일 수 있단다. 확실하지는 않지만 이 토르소는 헤라클레스의 일부가 아닐까 생각한대. 또한 미켈란젤로가 매우 좋아했다지. 우리가 조금 후에 볼 '천지 창조', '최후의 심판' 그림에서는 이런 몸 구조를 가진 남자들이 많이 등장하지. 이 조각은 기원전 1세기 무렵, 아테네의 예술가 아폴로니우스의 작품일 것으로 추측해."

이모의 말에 언니는 감탄을 했다.

"아주 오래 전의 것이네. 무려 2000년도 넘은 조각품이라……. 그래서 이모가 심각한 얼굴로 보고 있었구나……. 그런데 이모, 무식하게 들릴지 모르겠지만 토르소가 뭐야?"

언니의 말에 이모가 착한 웃음을 지었다.

"토르소는 몸통을 뜻하는 조각 용어로 팔, 다리, 머리 부분이 없는 몸통만의 조각상을 말해."

이모는 대답을 한 후에도 토르소를 깊은 얼굴로 바라보았다.

나는 안다. 이모가 저렇게 깊은 얼굴로 쳐다보는 것은 이 조각에 미켈란젤로의 눈길이 수없이 많이 닿았기 때문이라는 것을. 미켈란젤로는 이 조각을 보고 또 보며 자신의 머리와 가슴속에 통째로 집어넣었을 것이다. 당연히 이 조각에 미켈란젤로의 눈길이 담겨 있으니 이모가 심각할 수밖에.

우리는 라파엘로의 「아테네 학당」 그림이 있는 교황의 서명실로 향했다. 그 방은 교황 율리우스 2세가 라파엘로를 불러 꾸민 방이다. 나는 살짝 긴장이 되었다. 내가 사랑하는 라파엘로의 그림을 실제로 보게 되었으니!

역시 라파엘로의 「아테네 학당」 그림이 있는 방은 사람들로 북적거렸다. 나와 언니는 이모의 나지막한 목소리에 귀를 기울었다. 좁은 곳이라 목소리가 커지면 다른 사람에게 방해가 될 것 같아 이모는 간신히 귀에 잡힐 정도의 목소리로 말했다.

"이 작품은 르네상스 인인 라파엘로가 인간 중심적인 르네상스 정신을 바탕으로 그리스의 철학 세계를 그린 작품이야. 1510년에서 1511년 사이에 완성한 프레스코화란다. 이 작품은 교황 율리우스 2세가 큰 벽화로 자신의 서명실을 꾸미기 위해 주문한 것이지. 바로 우리가 서 있는 곳이야. 형태는 반원형인데, 길이가 7.72미터나 된단다. 교황 율리우스 2세가 라파엘로에 대해 뭐라고 말했는지 아니? 그는 늘 과격한 성격의 미켈란젤로에게 지쳐 부드러운 성품을 가진 라파엘로를 보내 준 하나님께 감사의 기도를 드렸대. 그뿐만 아니라 그가 세상을 떠나자 '당신께서 아끼던 천사를 제게 잠깐 보냈다가 다시 데려가셨군요.' 하고 기도를 드렸다는 일화가 전해질 정도였어."

나는 판테온에 있는 라파엘로의 무덤을 떠올렸다. 얼마나 그를 귀하게 여겼으

라파엘로의 「아테네 학당」(1510~1511년)

면 판테온에 묻었을까?

"이 그림을 그릴 당시 라파엘로의 나이는 스물다섯 살이었어."

"뭐야? 나보다 고작 여섯 살 많잖아?"

언니가 너무 놀란 나머지 소리를 치고 말았다. 몇몇 사람이 언니를 쳐다보자 언니는 무안한지 '쏘리(미안합니다)'를 두 번이나 외쳤다.

"이 그림이 그려지던 때 옆방에서는 미켈란젤로가 교황이 의뢰한 시스티나 예배당의 천장화를 그리고 있었어. 당대 최고의 예술가와 무명의 예술가가 한 공간에서 작업을 하고 있었지. 이 작품에는 철학자, 수학자, 과학자 등 우리에게 알려진 많은 위인들이 등장하고 있단다. 그런데 재미있는 것은 모두 그 당시의 유명 인사들을 모델로 하고 있다는 거야. 학문과 인물에 있어 과거와 현재를 이어 주는 동시에, 당시의 위인들에 대한 라파엘로의 존경심이 표현된 것이라고 할 수 있지."

방금 들어온 사람들이 우리 앞을 막고 있었다. 이모의 말이 잠시 끊어졌다 다시 시작되었다.

"반원형의 공간 한가운데 복도를 걸어 나오는 두 사람이 있는데 왼쪽의 인물은 팔을 들어 하늘을 가리키고, 오른쪽의 인물은 팔을 뻗쳐 정면을 가리키고 있어. 왼쪽의 인물이 고대 그리스의 철학자 플라톤이고, 오른쪽의 인물이 아리스토텔레스야. 플라톤이 하늘을 가리키고 있는 것은 정신 세계가 중요하다는 것이고, 아리스토텔레스는 팔을 정면으로 뻗쳐 현실 세계의 중요성을 말하고 있는 것이지. 플라톤은 레오나르도 다 빈치를, 아리스토텔레스는 미켈란젤로를 모델로 했어. 이것으로 보아 라파엘로가 두 거장을 얼마나 존경했는지 알 수 있지."

언니가 불쑥 끼어들었다.

"그런데 왠지 레오나르도 다 빈치보다 미켈란젤로를 모델로 한 아리스토텔레스가 더 멋져 보이네!"

그 말에 나는 머리를 끄덕였다.

이모가 싱긋이 웃었다.

"플라톤을 중심으로 왼쪽으로 보면, 청록색 옷을 입은 사람이 투구를 쓰고 갑옷을 입은 전사를 비롯해 여러 사람 앞에서 두 손을 잡고 무엇인가를 설명하고 있는데, 바로 고대 그리스의 철학자 소크라테스야. 그 앞에서 열심히 강의를 듣고 있는 전사가 바로 마케도니아의 알렉산드로스 대왕이고."

아, 알렉산드로스 대왕! 나는 그를 세계에서 제일 용맹하고 똑똑하고 멋진 남자로 기억한다. 그는 아리스토텔레스의 가르침을 받았는데, 스승의 스승인 플라톤을 가르친 소크라테스에게 강의를 듣고 있으니 라파엘로도 나처럼 그를 멋지고 똑똑한 남자로 생각한 것에 틀림없다. 아, 이렇게 뿌듯할 수가! 라파엘로와 내 생각이 맞아떨어진 것 같아, 나는 투구를 쓰고 열심히 소크라테스의 강의를 듣고 있는 알렉산드로스 대왕의 모습을 뚫어지게 쳐다보았다.

"왼쪽 아래에 앉아 커다란 책을 들고 무언가를 설명하는 사람이 있는데, 그 사람이 바로 피타고라스의 정리를 발견한 수학자 피타고라스야. 아리스토텔레스의 앞쪽 계단에 앉아 있는 깡마른 노인은 디오게네스란다. 그는 가난한 생활을 스스로 선택했는데 항상 거지 차림의 모습으로 묘사되지. 알렉산드로스 대왕의 대관식에 참여해 달라는 부탁도 거절했고, 참된 의인이 누구인지 모르는 암흑의 세계라고 대낮에도 등불을 들고 다녔던 철학자란다. 알렉산드로스 대왕이 그의 앞에 도착하여 무엇인가 도울 것이 없냐고 물었을 때, 제발 옆으로 비켜서 햇볕이나 가리지 말라고 부탁했던 일은 잘 알려져 있지. 알렉산드로스 대왕은 그때 '내가 알렉산드로스 대왕이 아니었다면 디오게네스가 되기를 바랐을 것이다.'라고 말했대. 오른쪽 끝 부분에 허리를 구부려 바닥에 컴퍼스를 대고 무언가를 그리고 있는 사람이 기원전 3세기 기하학자인 유클리드야. 그는 주위에 있는 학생들에게 기하학에 대해 설명하고 있어. 유클리드의 모델이 된 사람은 그 시대 유명한 건축가였던 브라만테란다. 그런데 유클리드 오른쪽 구석에 모자를 쓰고 우리를 빤히 바라보는 사람이 있어. 누굴까? 알아맞히면 오늘 점심은 이모가 쏜다."

피, 또 알아맞혀야 산다는 말. 너무 많이 들어서 약간 재미없다. 그런데 언니는 두 눈을 반짝 빛내며 그림에 빠져 있었다. 언니에게 기회를 줄까 생각했지만, 그림 속에서 애수에 젖은 눈망울로 그가 나를 바라보고 있었다. 언니는 너무 뜸을 들이고 있었다.

「아테네 학당」의 라파엘로

"에이, 단박에 알 수 있네! 라파엘로!"

"맞았어. 역시 우리 짜무가 라파엘로를 제대로 알아내는구나. 짜무가 사랑하는 사람이라 금방 눈에 띄나 봐."

이모 말에 언니가 눈을 동그랗게 뜨며 물었다.

"뭐야? 우리 짜무도 사랑을 할 줄 알

아? 쪼끄만 게!"

언니가 내 머리를 헝클어뜨리려는 순간, 나는 얼른 머리를 옆으로 수그렸다.

"이모, 오늘 맛있는 점심 사 줘!!"

이모는 고개를 끄덕이며 말을 이어 나갔다.

"그는 바로 라파엘로 자신이며, 이 작품에 나오는 사람들은 같은 시대를 산 사람들은 아니야. 하지만 고대 그리스 시대의 학자들로 철학자, 현인 들의 모습을 한 공간에 담아 표현함으로써 르네상스 정신의 뿌리를 우리에게 보여 주고 있는 것이지."

이모의 긴 설명이 끝이 났다. 우리가 제일 오랫동안 방에 머무른 것 같았다.

"자, 이제 시스티나 예배당으로 옮기자. 그곳에서 미켈란젤로와 보티첼리의 그림을 보도록 하자. 그곳에서는 작은 소리를 내는 것도 실례가 되니까 각자 수첩을 보면서 그림을 봐야 하는 것, 잊지 마렴."

이모의 말이 숙제처럼 들려왔다.

바티칸미술관 (Musei Vaticani)

- Viale Vaticano, 00165, Rome
- 지하철 메트로 A선 오타비아노(Ottaviano) 역 도보 10분, 버스 49번 바티칸 미술관 입구 앞 정차
- 39-06-69884676, 39-06-69883145
- 월~토 9:00~18:00 (휴무) 마지막 주를 제외한 일요일, 1/1, 1/6, 2/11, 3/19, 4/5, 4/6, 5/1, 6/29, 8/15, 12/8, 12/25, 12/26
  ※ 사정에 따라 관람 시간과 휴무가 바뀌니 주의!
- 시스티나 예배당 관람 포함 6~18세 8유로, 성인 16유로(6세 이하 어린이, 매월 마지막 주 일요일 무료)
- www.museivaticani.va

시스티나 예배당에서 천국과 지옥을 보다

시스티나 예배당으로 가는 길은 좁은 계단을 내려가고 또 올라가고 마치 미로로 들어가는 느낌이었다. 드디어 시스티나 예배당에 도착했을 때 너무 많은 사람들 때문에 '와' 하는 소리가 절로 나왔다.

우리는 마침 일어서는 사람들이 있어 벽에 붙어 있는 의자에 앉았다. 이모가 조곤조곤 말을 시작했다.

"콘클라베가 열리는 이 중요한 성당에 교황 식스투스 4세는 자신의 이름의 여성형인 '시스티나'라는 이름을 붙였어. 천장과 뒤쪽 벽면은 미켈란젤로가 프레스코화로 장식했지만, 건물 양쪽 벽면의 프레스코화는 피렌체의 로렌초 메디치가 보낸 피렌체의 훌륭한 화가들이 장식을 맡았어. 페루지노의 '성 베드로에게 교회의 열쇠를 주는 그리스도'와 보티첼리와 기를란다요가 그린 작품도 있어. 각자 미켈란젤로의 천장화인 '천지 창조'와 그 외 그림들을 감상하고, 30분 후에 미켈란젤로의 '최후의 심판' 그림 앞에서 만나자. 여기서는 더 이상 말을 하면 안 돼."

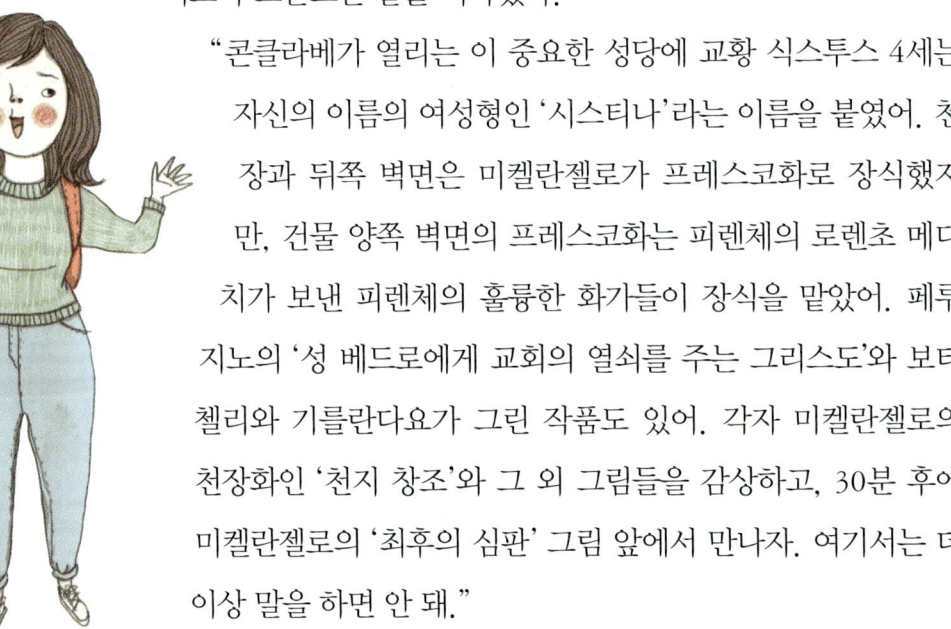

시스티나 예배당

으악! 30분이나 이 좁은 방에서 미켈란젤로의 「천지 창조」를 보라고 하다니. 이모는 원래 미켈란젤로와 사랑에 빠져 있으니 1시간 이상 그의 그림을 보고 또 봐도 지겹지 않을 것이다. 하지만 나와 언니에게 무려 30분이나 그림에 몰두하라고 하는 것은 무리다. 내가 아무리 라파엘로를 좋아해도 30분 이상 그의 그림에 빠져 있지는 않는다.

나는 고개를 최대한 위로 올려 미켈란젤로의 「천지 창조」를 보았다. 미켈란젤로는 교황 율리우스 2세와 계약한 날짜인 1508년 5월 10일에 프레스코 작업을 시작하여 1512년 모든 작업을 마쳤다고 한다. 그가 첫 번째로 그린 그림은 1508년 9월에 시작한 '홍수 이야기'로, 노아의 생애에 대한 이야기다.

미켈란젤로의 「천지 창조」(1508∼1512년)

「천지 창조」 중 ❶ '아담의 창조' ❷ '선악과를 따는 아담과 하와' ❸ '다윗과 골리앗'

'아담의 창조' 그림에는 하나님과 아담의 손가락이 닿을 듯 말 듯한 모습이 그려져 있다. 많은 사람들이 그 모습을 모방한 것이 떠올랐다. 「이. 티(E. T)」라는 영화에서도 이티라는 외계인과 인간 소년이 손가락 끝을 맞닿는 것으로 서로를 이해할 수 있게 된다. 영화감독이 바로 미켈란젤로의 「천지 창조」에서 영감을 얻었을 것이라는 생각이 들었다. 이모는 그것을 어려운 말로 미메시스라고 했다. *&%$@# 어려운 말이지만 기억의 창고에 잘 저장해 놓았다.

아담과 하와가 뱀의 유혹으로 선악과를 따는 장면이 눈에 들어왔다. 문득 르나르라는 시인이 쓴『뱀, 너무 길었다』라는 시가 떠올랐다. '너무 길었다', 짧은 시인데도 뜻이 깊어 보인다.

뱀의 유혹은 아담과 하와에서 끝난 것이 아니라 지금도 현재 진행형으로 계속 인간을, 아니 나를 유혹하고 있다. 시험공부 대신 내가 좋아하는 드라마를 보도록 내 마음속에서 뱀은 끊임없이 유혹하고 있다. 그것뿐만이 아니다. 우륜이와 미희 사이에서 우륜이와 더 가까워지고 싶어 미희를 밀어내고 싶다는 생각이 들 때도 한두 번이 아니다.

다윗과 골리앗의 모습도 보였다. 다윗이 막 골리앗의 뒤통수를 잡고 목을 벨 기세다.

아담과 하와가 선악과를 따는 장면에서 불거져 나온 근육이 아까 본 토르소의 모습과 비슷하다. 미켈란젤로 역시 미메시스 한 것이다. 후아! 어려운 말 썼다! 그러면 마녀 이모 역시 미켈란젤로의 그림을 보고 영감을 얻어 자신이 그림을 그리는 책에 미메시스 하지 않을까? 낄낄, 나는 혼자 내 수준 높은 지식에 만족해하며 웃음을 흘렸다.

고개를 젖혀 한참 그림에 몰두했더니 목이 뻐근했다. 나는 잠시 벽에 그려진 그림에 눈길을 주었다. 역시 보티첼리가 그린 「모세의 생애」 그림은 단박에 알아볼 수 있었다. 「모세의 생애」에 나오는 두 여인의 하늘하늘한 옷차림이며 머리모양이

보티첼리의 「모세의 생애」(1481~1482년)

미켈란젤로의 「최후의 심판」(1534~1541년)

우피치 미술관에서 본 「비너스의 탄생」과 비슷한 모습이다. 나도 크면 저렇게 우아한 머릿결을 가질 수 있을까?

문득 언니의 모습이 궁금해 언니를 찾았다. 언니는 지루한지 하품을 길게 하고 있었다. 언니는 나와 눈이 마주치자 멋쩍은지 씨익 웃었다. 시계를 보았다. 이모와 약속한 시간이 되어 아래 방으로 자리를 옮겼다.

맞은편 벽면 전체를 미켈란젤로의 「최후의 심판」이 차지하고 있다. 나는 수첩을 꺼내 「최후의 심판」에 대해 적어 놓은 것을 펴 보았다.

「최후의 심판」은 원래 교황 클레멘트 7세 시절에 계획되었으나, 그의 후계자 바오르 3세가 실제 작업을 명했다. 당시 61세였던 미켈란젤로가 그림을 중단한 지

20여 년 만에 다시 그림을 시작했다.

　작품 한복판에 사람들에게 둘러싸인 예수님이 서 있다. 그중 어떤 사람들은 천국으로 향하지만 어떤 이들은 지옥으로 떨어지고 있다.

　미켈란젤로는 성 바돌로매의 벗겨진 몸 껍질에 자신의 자화상을 그려 놓았다. 수첩에 적어 놓은 대로 읽고 나서 그림을 보니 실감이 났다. 회색 수염이 무성하게 난 사람이 한 손에 성 바돌로매의 벗겨진 몸 껍질을 들고 예수님을 보고 있다. 성 바돌로매는 몸이 벗겨지는 순교를 당했다고 한다.

　지옥으로 떨어지는 사람들의 모습은 처참했다. 시커먼 육체가 뒤엉켜서 살려 달라고 소리를 질러 대는 것 같았다.

　미켈란젤로 바로 밑에 한 남자가 얼굴을 두 손으로 감싼 채 고뇌하고 있다. 와, 로댕의 「생각하는 사람」의 모습과 닮아 있다. 혹시 로댕이 여기서 미메시스 한 것은 아닐까? 으훗, 제법 그런 것도 생각해 내는 내가 대견스럽게 느껴졌다.

「최후의 심판」 중 성 바돌로매의 몸 껍질

　문득 이모가 걱정이 되었다. 혹시 미켈란젤로에 너무 빠져 정신을 잃은 것은 아닐까? 나는 눈을 빠르게 돌렸다. 역시 이모가 얼어붙은 듯 그림에 눈을 맞추고 서 있었다.

　나는 조심스럽게 이모에게 다가가 살그머니 손을 잡았다. 이모가 살풋 웃었다. 웃음에서 잘 익은 살구 냄새가 났다. 다행이다! 이모가 걱정하지 말라는, 나는 지금 미켈란젤로 때문에 너무 행복하다는 뜻으로 웃어 준 웃음인 것 같았다.

이모의 신호로 우리는 시스티나 예배당을 빠져나왔다. 이모의 약속대로 카페테리아에서 대충 점심을 먹었다. 닭튀김이나 스파게티가 먹고 싶었지만 그럴 상황이 아니라 피자로 점심을 때웠다.

"이제 성 베드로 대성당으로 가자. 그래도 얼마나 다행인지. 재작년엔 문을 닫아서 성당 안에 들어가지도 못했어."

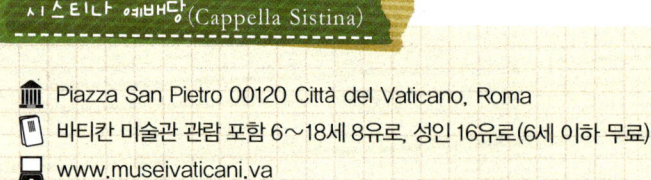

시스티나 예배당(Cappella Sistina)

- Piazza San Pietro 00120 Città del Vaticano, Roma
- 바티칸 미술관 관람 포함 6~18세 8유로, 성인 16유로(6세 이하 무료)
- www.museivaticani.va

 # 성 베드로 대성당에서 피에타를 만나다

우리는 바티칸 미술관 밖으로 나와 배낭을 찾은 후, 성 베드로 대성당을 향해 걸었다. 갑자기 언니가 신음 소리를 냈다.

"어맛! 오빠야, 오빠!"

깜짝 놀라 내가 언니의 손을 잡았다.

언니는 가볍게 떨고 있었다. 언니는 떨리는 목소리로 말했다.

"진수 오빠야……. 오빠가 분명해……."

껑충한 키에 반짝 빛나는 검은 머리, 감색 바지와 검은 배낭을 멘 남자가 우리 앞에서 성큼성큼 걸어가고 있었다. 언니가 잰걸음으로 그 사람을 향해 걸어가 '오빠'라고 부르자 그 남자가 이상한 표정으로 언니를 돌아보았다. 언니는 고개를 떨구었다. 언니의 걸음이 휘청거렸다. 나는 얼른 언니에게 다가가 언니의 팔을 잡았다.

"언니, 괜찮아?"

언니는 고개를 숙인 채 팔을 빼더니 벽에 잠깐 기대었다. 언니 눈에 눈물방울이 자잘했다.

이모가 언니 어깨를 토닥거렸다.

"…… 이모, 나 미친 것 같지? 나도 모르겠어. 내가 왜 이런지……. 키가 크고 윤기 나는 검정 머리를 한 남자만 보면 가슴이 두근거려. 다 오빠로 보여……."

이모는 언니를 안아 주었다.

"그래……. 네가 그 사람을 사랑하나 보다……. 사랑앓이를 하는가 보다……."

나는 언니가 불쌍했다. 언니가 싫어 떠난 오빠다. 게다가 승숙 언니와 진영 언니에게 자존심이 상하는 매운 소리까지 들었는데도 진수 오빠를 가슴에 담고 있었다니! 난 아직 사랑을 모른다. 하지만 우정은 안다. 우륜이와 미희, 이렇게 셋이서 투덕거리면서 쌓아 온 우정이 얼마나 소중한 것인지……. 언니는 항상 1등만 했고 소원하던 대학에도 들어갔다. 그런데 사랑은 언니 마음대로 되지 않았다. 그것도 첫사랑일 텐데…….

언니가 눈물이 크렁크렁한 눈으로 이모를 바라보며 물었다.

"이모도…… 이런 경험해 봤어?"

나는 잠시 숨을 멈추고 이모가 어떤 말을 할지 귀 기울였다.

이모는 한참 만에 입을 열었다.

"…… 해 봤어……. 네 마음 이해해……."

사람들이 지나가는 좁은 길이라 우리는 바쁜 사람들에게 길을 내 주고 언니의 발걸음에 맞춰 천천히 걸었다.

이모가 조심스럽게 말했다.

"금무야, 마음이 내키지 않으면 성 베드로 대성당에 가지 않아도 돼……."

언니는 고개를 세차게 흔들며 말했다.

"아니, 같이 갈 거야. 이모와 은무가 있으니까 위로가 돼……. 걱정해 줘서 고마워!"

언니는 마음을 추스르는지 눈에 힘을 주었다.

"가자, 이모! 이것도 지나가겠지!"

성 베드로 대성당의 광장으로 들어섰다. 우아! 성 베드로 대성당의 광장은 사람들로 북적거렸다. 광장 가운데는 오벨리스크가 서 있고, 그 옆에 있는 분수에서는 물이 하늘로 조용히 솟구치고 있었다.

이모가 나를 보며 싱긋 웃더니 말했다.

"짜무, 준비한 것 말해 봐!"

나는 수첩을 펼치며 설명을 시작했다. 아직 숫자나 연도는 다 외우지 못했기 때문에 수첩의 도움을 받아야 했다.

"지금 우리 앞에 보이는 성 베드로 대성당은 네로 황제 시대인 67년, 예수님의 제자인 베드로 성인이 죽은 곳에 세워졌어. 베드로 성인이 죽은 지 250년이 지난 후에 황제의 명으로 베드로 성인의 묘지 위에 세워졌는데, 실베스트로 교황이 396년에 대성전으로 크게 만들었어. 하지만 이민족의 잦은 약탈로 인해 많은 피해를 보았지 뭐야! 마침내 1503년 교황 율리우스 2세가 건축가 줄리아노 다 상갈로에게 성전의 재건축 계획을 세우도록 하여 브라만테의 설계에 따라 재건축 사업이 시작되었어."

나는 숨을 고른 후 이모와 언니를 향해 말했다.

"내가 브라만테 이름 어떻게 외웠는지 알아? 인도의 계급 제도인 카스트 제도 중에서 제일 위가 승려 계급인 브라만이잖아. 거기다 '테'만 붙여서 외웠어. 하여튼 내 머리가 쥐날 정도로 복잡했다니까……."

내 말에 이모가 쿡쿡 웃음을 터트렸다.

언니도 샐쭉 웃으며 말했다.

"암튼 난 이번에 내 동생 짜무를 다시 봤어. 철없는 사춘기 짜무라고 생각했는데 굉장한 역사학자를 동생으로 뒀더라고. 할 말 없으면 '하여튼'이라는 말을 쓰는 것이 옥에 티이기는 해도."

성 베드로 대성당 광장

나는 얼른 되받아쳤다.

"언니는 무조건 '암튼'이라고 말하거든. 아, 그리고 이모는 말이 끊기면 '여하튼'이라고 하더라고. 낄낄, 끝말은 다 '튼'으로 끝나네. 식구라서 그것도 닮았나? 하여튼 내 칭찬해 줘서 고마워. 언니! 다시 설명할게. 하여튼 성 베드로 대성당은 도중에 몇 차례의 변형이 있었는데, 마지막으로 미켈란젤로가 건축 책임자를 맡게 되면서 지금의 모습으로 만들어졌지. 성당의 공사를 이어받았을 때는 미켈란젤로가 73세의 고령이었는데, 교황 바울로 3세는 미켈란젤로를 '절대적인 믿음이 있고 신이 보내 준 사람'이라는 칭찬을 아끼지 않았대. 미켈란젤로는 성당의 돔을 현재의 모습으로 설계 변경했어. 그래서 돔이 성당의 꽃이 된 것이 아닐까? 미켈란젤로가 죽자 건축가 마데르노가 미켈란젤로의 정신을 철저하게 계승했어. 마데르노가 죽자 성당의 마무리 작업은 베르니니가 했는데, 성당의 내부가 조화롭게 어울리는 완벽한 아름다움을 만드는 데 온 힘을 다 썼어. 성당의 바닥을 대리석으로 아름답게 치장하고, 양쪽 회랑에 마련된 작은 성당들의 장식을 붉은색의 천연 대리석으로 만들어 더욱 아름답게 했어. 결국 성 베드로 대성당은 브라만테, 라파엘로, 미켈란젤로, 마데르노 등 수많은 예술가들의 혼이 섞여 만들어졌다고 봐야 하지."

"우아! 정말 굉장하다!!"

언니가 진심 어린 칭찬을 했다.

이모가 싱긋 웃더니 말을 이었다.

"자, 이제 성 베드로 대성당 안으로 들어가자."

성당 안으로 들어가기 위해서는 줄을 서야 했다. 벌써 많은 사람들이 줄을 서 있었고, 자신의 순서가 되자 검색대에서 가방을 검사받고 있었다.

성당 안으로 들어서기 전에 용병들의 모습을 봤다. 미켈란젤로가 디자인했다는 말도 있는 청색과 주황빛 줄무늬의 독특한 옷을 입은 용병들은 아주 늠름해 보였다.

❶ 성 베드로 대성당 앞 바티칸 용병들 ❷ 베드로 무덤 위 중앙 제단

중앙 문 옆으로 들어서자 많은 사람들로 북적거렸다. 이렇게 많은 사람들은 판테온과 트레비 분수 앞에서 보고 처음이다.

이모가 나지막이 속삭였다.

성 베드로 대성당의 청동문

"사도 베드로의 무덤 위에 중앙 제단이 있고, 여기에서 교황의 미사가 열려. 이곳은 관광보다는 순례하는 곳으로 생각하는 것이 맞을 거야."

나는 사람들을 쳐다보았다. 이모 말대로 순례하기 위해 이곳에 왔을까?

사람들이 제일 많이 몰려 있는 곳으로 다가갔다. 아, 미켈란젤로의 피에타 조각상 앞이다. 유리문 안에 있는 피에타 상 앞에서 사람들은 사진을 찍느라 바빴다.

이모의 얼굴이 잠시 조용해졌다. 깊은 생각에 잠긴 얼굴이다. 이모가 사랑하는 미켈란젤로 앞에서 이모는 항상 저렇게 조용해지며 깊숙해진다. 언니는 나를 바라보며 이모가 왜 저러고 있냐는 듯 표정으로 물었다. 나는 고개를 갸웃거렸다.

잠시 후 이모가 입을 열었다.

"미켈란젤로는 말했어. '나는 돌에서 천사를 본다. 그리고 천사를 자유롭게 한다. 이것이 조각이다.'라고. 미켈란젤로는 신이 내린 형상을 드러내는 것이 조각가가 할 최상의 역할이라고 말했지. 또한 미켈란젤로는 조각가란 형상을 창조하는 자가 아니라, 신이 이미 대리석 속에 창조해 놓은 형상을 드러내기 위해 필요치 않은 부분을 제거하는 자라고 여겼대."

나는 이모의 말을 되새기며 유리판 너머에 있는 피에타 상을 뚫어지게 바라보았다. 앳된 얼굴을 한 소녀 같은 마리아가 십자가에서 죽은 자기의 아들인 예수님을 안고 있는 모습이다. 슬픔이 가득한 얼굴이지만 거룩한 고뇌가 느껴진다.

우리는 다음 사람을 위해 뒤로 물러섰다.

이모가 나지막이 말했다.

"피에타 상은 미켈란젤로가 스물세 살 때 만든 작품이야."

미켈란젤로의 「피에타」

언니가 작은 소리로 말했다.

"뭐야! 나보다 고작 네 살 많잖아! 스물세 살에 불후의 명작을 만들다니! 그러니까 천재구나, 천재야."

이모가 살짝 웃었다.

"이 작품은 높이가 약 175센티미터야. 이 작품에서는 마리아의 운명적 체념, 즉 예수의 죽음을 받아들이는 차분한 표정이 뛰어나대. '피에타'는 측은함, 경건함, 동정을 의미하는 이탈리아 어인데, '자식을 잃은 성모의 슬픔'이라는 뜻으로 알려져 있지. 차가운 대리석으로 만들었는데도 치마에 잡힌 주름이 사실적이지 않니? 또 삼각형 구도로 되어 있어 안정감이 들지. 예수님의 뼈대가 튀어나와 있는 것은 해부학을 토대로 했기 때문이래. 미켈란젤로가 워낙 시체 해부를 많이 해 봤기 때문에 사람들의 인체 구조를 잘 알았거든."

언니가 불만이 섞인 목소리로 물었다.

"그런데 이모, 마리아가 너무 젊은 것 아냐? 예수님이 죽었을 때 나이가 서른세 살인데, 마리아는 스무 살도 채 안 된 여자로 보이잖아?"

내가 묻고 싶었던 것을 언니가 물었다.

"흠, 마리아의 이미지를 젊게 표현한 것은, 하나님을 경배하며 순수한 생활을 하면 젊어질 수 있는데, 하물며 마리아는 순수하고 고결했으니 얼마나 젊었겠어! 그래서 아름다운 여인으로 표현한 거야. 그런데 이 작품을 본 롬바르디아(이탈리아 북부로 밀라노와 베로나 등의 도시가 있다.) 사람이 '피에타'를 롬바르디아 사람이 만들었다고 말했어. 그러자 화가 난 미켈란젤로는 성당에 몰래 들어가 마리아의 가슴을 지나가는 띠에 자신의 사인을 하고 나왔지. 저녁에 성당 밖으로 나와 노을이 지는 석양을 본 그는 감탄하며 '이렇게 아름다운 하늘 어디에도 하나님이 자신이 만든 하늘이라는 표시를 하지 않았는데, 고작 내가 만든 작품 하나 때문에 경솔한 행동을 하다니.'라고 생각하고, 그 후로 어느 작품에도 사인을 하지 않았대."

그러고 보니 마리아가 어깨띠처럼 두른 곳에 'Michelangelo Buonarroti(미켈란젤로 부오나로티)'라는 글씨가 선명하게 보였다.

언니가 갑자기 걸음을 뚝 멈췄다. 얼굴이 굳어졌다. 나는 언니의 시선이 멈춘 곳을 쳐다봤다. 맞다! 진수 오빠의 모습과 너무 닮은 오빠였다.

❶ 성 베드로 대성당 큐폴라 ❷ 성 베드로 대성당 큐폴라 천장

언니 눈에는 진수 오빠처럼 보일 수 있었다. 하지만 진수 오빠는 지금쯤 한국에 있을 것이다.

　나는 언니의 손을 살며시 잡고 사람이 없는 곳으로 이끌었다. 마침 왼쪽의 작은 예배실에서 조용히 기도하는 사람들의 모습이 눈에 띄었다. 우리 셋은 의자에 앉아 기도를 드렸다. 나는 태어나서 처음으로 언니의 아픈 사랑을 위해 기도 드

성 베드로 대성당 큐폴라에서 바라본 로마 시내

렸다.

 이모가 일어서자 언니와 나도 이모를 따라나섰다.

 "자, 이제 성 베드로 대성당의 꼭대기인 큐폴라로 올라가자. 큐폴라는 '둥근 지붕'이라는 뜻이야."

 꼭대기라는 말에 머리가 어질어질했다.

 우리는 이모 뒤를 따라 돔으로 올라가는 엘리베이터를 타고 내렸다. 이상한 생각이 들었다. 엘리베이터를 타고 쉽게 큐폴라까지 올라가는 거라면 굳이 이모에게 싫은 소리 하지 않아도 될 것을.

 그런데 그것이 아니었다! 엘리베이터는 시작에 불과할 뿐이었다. 굽이굽이 계단을 올라가는데 이제 다 왔구나 싶으면 다시 계단이 기다리고, 이제 끝났구나 싶으면 좁은 계단이 우리를 기다리고 있었다. 작년에 피렌체에서 산타 마리아 델 피오레 대성당의 큐폴라 꼭대기에 오른 것과는 비교도 되지 않을 만큼 계단 수도 많고 높이도 엄청 높았다. 정말 괜히 왔다는 후회가 생길 때쯤 희망이 보였다. 드디어 큐폴라 꼭대기에 오른 것이다!

큐폴라 꼭대기에 오르자 로마 시내의 모습이 한눈에 보였다. 정원과 가까이에 있는 테베레 강이 뱀처럼 꾸불꾸불 길게 이어져 있고, 그 옆으로 하드리아누스 황제의 묘지와 그 뒤로 아우구스투스 묘지, 판테온 신전, 포폴로 광장, 트레비 분수……. 이제까지 로마에서 본 것들이 내 눈 앞에 좌악 펼쳐졌다.

이번에도 이모가 이겼다!! 이모는 역시 달랐다. 우리가 본 유적지가 한눈에 들어오도록 이모는 한국을 떠나기 이틀 전에 성 베드로 대성당의 큐폴라를 선택한 것이다.

언니가 깊은 목소리로 말했다.

"나 이곳에 올라 아래를 보니까 참 이상한 기분이 느껴져. 높이 올라서 보니까 아래 있는 것들을 한꺼번에 볼 수 있네. 어쩌면 내가 진수 오빠를 부분만 본 것이 아닐까 하는 생각이 들어. 내 말을 잘 들어주고 생글생글 잘 웃어 주었어……. 웃을 때마다 볼에 패이던 볼우물이 굉장히 인상적이었어. 볼우물이 나에게 말을 시키는 것처럼 멋있더라고……. 이렇게 멀리서 보니까 전체를 제대로 볼 수 있네……. 숲도 보이고 나무도 보여."

이모가 싱긋 웃으며 말했다.

"우리 금무에겐 색다른 깨달음을 줬구나. 그렇다면 이번 여행은 큰 의미가 있네."

갑자기 언니가 이모를 세게 껴안았다.

"이모, 고마워!"

공간이 좁아 다른 사람이 비켜갈 자리도 없는 곳에서 언니는 다른 사람의 눈을 아랑곳하지 않고 이모를 껴안은 것이다.

"그리고 우리 짜무도!"

그 말을 하면서 언니는 나를 포옥 안아 주었다. 언니와 이렇게 안아 보는 것이 처음인 것 같았다. 와! 로마에 와서 우리는 마음이 하나가 되었다. 나는 언니가 어떤 사람인지를 새삼 알게 되었다. 같은 자매이면서도 다른 점이 많다는 것, 그런데 그것은 틀린 것이 아니라 다른 것임을. 그리고 그대로 받아들여야 한다는 것을.

그것이 고대 로마 인들의 관용 정신이라는 것. 똘레랑스를 속으로 되뇌이면서 나는 힘겹게 올라왔던 계단을 즐겁게 내려갔다.

성베드로 대성당 (Basilica Papale di San Pietro)

- Piazza San Pietro, 00120 Città del Vaticano
- 39-06-69883731
- 10~3월 7:00~18:30, 4~9월 7:00~19:00
  큐폴라 10~3월 8:00~17:00, 4~9월 8:00~18:00
  ※ 사정에 따라 관람 시간과 휴무가 바뀌니 주의!
- 성당 무료, 큐폴라 엘리베이터 이용 7유로, 계단 이용 5유로
- www.vatican.va

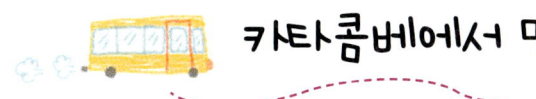

카타콤베에서 만난 천사

카타콤베는 버스를 한 번 갈아타고 가야 하는 로마 교외에 있는 한적한 곳이다. 아침 일찍 호텔을 나섰다. 낯선 곳에서 낯선 사람들을 보며 타고 가는 버스 여행도 괜찮은 맛이었다.

"우리는 세바스찬이 순교당해서 묻혀 있는 카타콤베로 간다. 아니, 그분만이 아니라 수많은 기독교 순교자들이 묻힌 곳이기도 해."

이모는 목사님의 설교 말씀처럼 비장한 목소리로 말했다.

나는 세바스찬을 안다. 이모가 보여 준 그림을 보니 그는 예수님을 믿는다는 이유로 밧줄에 묶인 채 온몸에 화살을 맞았다. 그런데도 얼굴이 평화롭게 보였다. 근육질의 몸매와 잘생긴 얼굴 때문에 그의 모습이 잊히지 않는다.

순교자의 무덤을 찾아가는 길은 쉽지 않았다. 버스에서 내리자 푸른 풀로 덮인 언덕이 보였다. 우리가 내린 길은 차가 두 대 정도 간신히 다닐 수 있는 좁은 길이었다. 길을 빙빙 돌아 우리는 마침내 카타콤베에 도착했다. 다리가 아파 무릎이 시큰거릴 정도였다.

이모의 설명이 시작되었다.

"디오클레티아누스 황제는 기독교 조직을 없애기 위해 기독교 신자들에 대해 일제 검거령을 내렸어. 서부 황제 근위대에 세바스찬이라는 젊은 장교가 있었는데, 기독교 신자라는 이유로 체포되어 298년에 사형대에 올라 동료 근위대 장교들이 쏜 화살을 온몸에 맞고 쓰러졌지 뭐냐. 그의 유해는 비아 아피아라는 도로에 있는 체칠리아 메텔라의 묘소 근처 지하 공동묘지에 안장되었고, 후에 그는 성인으로 인정되어 이탈리아 어로 '산 세바스티아노'라 불리게 되었어. 고대 로마의 지하 공동묘지를 뜻하는 '카타콤'이라는 표현은 '돌을 채취해 낸 후 움푹 파인 곳'이라는 뜻에서 유래해. '카타콤베'는 원래 현재 우리가 있는 산 세바스티아노 성당 지하에 있는 묘소를 지칭하는 말이야. 카타콤베는 시체를 매장할 작은 구덩이들이 갱도를 따라 층층으로 만들어졌고, 또 그 갱도들이 여러 층으로 이루어지면서 점차 그 규모가 커지기 시작했어. 금무, 짜무, 너희들 기독교인들은 죽음에 대해 보통 사람과 다르게 생각하는 것 알고 있지? 기독교인들은 부활을 믿잖아. 그

카타콤베로 들어가는 입구

카타콤베 안

래서 죽은 것을 잠시 잠자는 것이라고 생각했지."

 카타콤베는 아무나 자유롭게 들어갈 수 없었다. 사람들이 어느 정도 모이자 우리는 안내자를 따라 들어갔다. 지하로 한참 내려가자 어두침침한 좁은 길이 나타났다. 불을 밝혀 주는 촉이 낮은 전등 빛이 아니라면 암흑으로 덮여 있었을 것이다. 한 사람이 간신히 들어갈 수 있는 길이었다. 얕은 서랍이나 들어갈 만한 공간에 사람의 시신이 놓여 있었다고 하니 어째 으스스한 느낌이 들었다.

 곳곳엔 기독교인들이 그려 놓은 그림들이 눈에 띄었다. 기독교인을 뜻하는 양을 어깨에 메고 있는 모습의 선한 목자, 즉 예수님을 뜻하는 그림이나, 기독교의 상징인 물고기와 그리스도의 상징인 'X'와 'P'를 겹친 '☧' 무늬가 흔하게 보였다.

카타콤베 안에 그려 놓은 '☧' 무늬(왼쪽 부분)

 이모가 다른 사람들에게 방해되지 않도록 나지막이 말했다.

 "그리스 문자 '엑스(X)'와 '피(P)'는 라틴 문자로는 '씨에이취(CH)'와 '알(R)'이야.

카타콤베 안 기독교인들이 그려 놓은 그림들.
보리떡 다섯 개와 물고기 두 마리(위), 양을 어깨에 멘 목자(아래)

즉 '크리스토스(Christos)', '그리스도'를 뜻하지."

언니의 얼굴을 쳐다보았다. 도통 말을 하지 않는다. 생각이 깊어 보였다. 무슨 생각을 저리 깊이 하고 있을까?

그래, 카타콤베에서 무슨 말이 필요할까? 백골이 한 줌의 흙이 되어 저들은 흙으로 자신의 믿음을 표현하고 있다. 믿음을 위해 죽음까지도 두려워하지 않는 것을 보면서 저들의 믿음에 새삼 존경심이 생겼다.

우리 셋은 밖으로 나왔다.

이모가 우리가 걸어왔던 쪽을 가리키며 말했다.

"저기서 쭈욱 걸어가면 로마에서 가장 오래된 포장도로인 비아 아피아, 즉 아피아 가도야. 너희들, '모든 길은 로마로 통한다'라는 말 들어봤지? 로마가 대제국을 세울 수 있었던 기반은 도로를 많이 만들었기 때문이야. 기원전 312년에 로마의 정치가인 아피우스 클라우디우스가 시작한 것으로, 도로를 만든 사람의 이름을 따 '아피아 가도'라고 부르게 되었어. 아피우스 클라우디우스는 도로를 건설하면서 로마 남쪽에 있는 알바 산 부근의 습지에 배수 시설을 만들고, 산과 바위를 깎아내고 90킬로미터의 거리를 거의 일직선으로 만들었어. 고대 로마는 군대 등 많은 인원과 물자를 먼 지방까지 효율적으로 수송하기 위하여 포장도로를 건설했는데, 이 도로들은 가능한 한 곡선을 피해 직선으로 했고, 계곡이 있으면 돌다리를 세웠고, 산이 있으면 터널을 뚫었대. 그리고 길을 세운 사람의 이름을 따서 도로의 이름을 부르게 되었대. 너희 혹시 로마처럼 길을 잘 닦은 나라 있으면 말해 볼래?"

내가 얼른 끼어들었다.

"모든 길은 로마로 통한다고 했는데, 발해는 '모든 길은 상경으로 통한다'고 했어. 발해에는 5경이 있었어. 상경, 동경, 서경, 남경, 중경인데, 이 중 수도 상경은 당나라의 수도 장안 성 다음으로 큰 도시였어. 상경에서 당, 거란, 일본, 신라, 담비로 가는 길이 있는데, 그 길을 따라가면 시베리아와 중앙아시아까지도 갈 수 있어서 모든 길은 상경으로 통한다고 했어. 상경의 시장에는 없는 물건이 없었다고 해."

"우아!! 뭐야, 쟤 내 동생 맞아?"

언니가 놀란 토끼눈으로 내 얼굴에 코를 대고 쳐다보았다.

나는 별것 아니라는 뜻으로 콧대를 치켜세우며 얼굴을 하늘로 향했다. 이모가 내 머리를 손으로 만지려고 하자 나는 재빠르게 머리를 뺐다.

"아, 이모, 나 대머리 되기 싫다

카타콤베 교회 십자가

고 했잖아?"

이모가 피식 웃으며 대신 내 어깨를 토닥여 주었다.

"내가 너를 짜무라고 부르는 이유가 증명되었다."

언니가 갑자기 큰 목소리로 물었다.

"이모, 짜무가 '짜증 내는 은무'의 줄임말 아니야? 지금 이렇게 중요한 이야기를 한 애한테 한순간에 짜무라고 하는 것은 너무하는 것이지."

갑자기 이모가 큰 소리로 웃었다.

"그럼 너는 짜무를 그런 뜻으로 부른 거니?"

이모의 말에 언니는 눈을 동그랗게 뜨고 고개를 끄덕였다.

"이런, 이런! 짜무의 뜻은 '자랑스러운 은무'를 힘주어 부른 거야."

"으웩!"

갑자기 언니가 토하는 시늉을 했다.

"그래, 그래, 지금 같으면 정말 자랑스럽지만……."

나는 언니를 흘겨보았다.

"그래서?"

언니는 손사래를 치며 웃어넘겼다.

"그럼 언니를 잘무 언니라고 불러 줄까? '잘난 척하는 금무 언니'라는 뜻으로?"

언니는 얼굴색이 달라지더니 아기처럼 팽 토라졌다.

"됐거든."

이모가 다시 말을 이었다.

"아피우스 클라우디우스는 죽은 후에 아피아 가도 옆에 묻어 달라고 했어. 정말 그의 소원대로 그는 아피아 가도 옆에 묻혔지. 그만큼 그는 자신이 만든 길에 자부심을 가졌던 것이지."

문득 언니가 손목시계를 보더니 소리쳤다.

"이모, 뭔가 잘못된 것 아니야? 우리 버스를 기다린 지 벌써 40분도 넘었어. 그런데 아직도 버스가 안 오는 것 보면 버스 안 다니는 것 아니야?"

그러고 보니 우리만 버스 팻말 아래서 기다리고 있었다. 주위를 휘휘 둘러보니 오가는 사람들도 거의 없고 지나가는 택시도 없었다.

"으으으, 우리 카타콤베 부근에서 밤을 새야 하는 것 아니야?"

언니가 귀신 목소리처럼 으스스한 목소리로 말했다.

하늘도 갑자기 어두워지는 것 같았다. 바람에 나뭇잎 흔들리는 소리가 바스락거렸다. 비가 오려나? 오늘은 비가 오지 않는다고 해서 우산도 준비하지 않았는데…….

"이모, 카타콤베 사무실로 다시 가서 버스 시간 물어보자. 아님 혹시 택시 불러 줄 수 있는지 알아볼까?"

언니가 애원하는 목소리로 말했다.

나는 고민에 잠긴 이모의 얼굴을 조심스럽게 쳐다보았다.

우리는 다시 카타콤베 마당 안으로 발걸음을 옮겼다. 이제 막 카타콤베에서 올라온 사람들의 목소리가 마당에 남아 있었다. 그중에 한국 사람의 목소리도 들려왔다. 와, 이렇게 한국 사람 목소리가 반가울 수가!

우리 셋은 동시에 눈을 크게 뜨고 외쳤다.

"안녕하세요?"

'아리랑'이라는 한국 식당을 운영하는 사장님이었다! 사장님도 우리를 알아보는 눈치였다.

이모가 조심스럽게 물었다.

"혹시 이곳 버스 시간표를 아시는지요? 버스를 기다린 지가 40분이 넘었는데도 올 생각을 안 하는데요……. 이곳에 올 때는 버스를 타고 왔는데……."

순간 사장님 얼굴에 안타까움이 가득했다.

"저런! 이곳은 버스 타기가 아주 힘든데요."

우리 셋의 얼굴은 순간 일그러졌다.

"혹시 택시를 탈 수 있는 방법이라도?"

이모의 말에 사장님은 머리를 좌우로 흔들며 말했다.

"이곳이 로마 외곽이라 택시 타기도 힘듭니다."

사장님은 그 말을 하면서 고민에 빠지는 모습이었다.

"잠깐 기다려 보세요."

우리에게 고개를 숙인 후 사장님은 어디론가 들어갔다.

나는 눈을 감았다. 이곳은 하나님을 믿기 위해 목숨까지 버린 사람들이 잠든 카타콤베다. 지금은 푸념하기보다는 기도하는 것이 나을 것 같았다. 나는 두 손으로 얼굴을 가리고 간절히 기도했다.

"천사를 보내 주세요!"

이모가 다가와 어깨를 토닥였다.

"택시를 알아보자. 그것도 안 되면 걸어가다 보면 길을 만나겠지."

언니가 버럭 소리를 질렀다.

"이모, 우린 충분히 걸었다고! 올 때도 돌고 돌아 왔잖아. 그런데 또 걸어야 해?"

내가 언니의 화를 누르며 말했다.

"언니, 베드로 아저씨도 우리가 내린 곳에서 예수님을 만나 로마로 다시 돌아갔다잖아. 베드로 아저씨가 택시를 타고 갔겠어? 걸어서 갔겠지! 그것도 예수님이 하나님의 아들이며 십자가에 죽었다가 다시 부활하신 것을 전하려고 로마에 죽으러 간 거잖아. 그냥 가다 보면 길이 열릴 거야."

"어쭈, 쪼끄만 게 뭘 안다고? 예수님 제자 납셨네!"

그때 사장님이 한국 사람으로 보이는 사람과 함께 우리 쪽으로 걸어왔다.

갑자기 내 눈이 커다랗게 열렸다. 이럴 수가! 꿈인가 싶어 눈을 비볐다. 분명 신성호 작가였다. 너무 놀라 가슴이 마구 방망이질을 해 댔다. 나는 떨리는 목소리로 이모를 불렀다.

"…… 이모, 저기 신, 신성호……."

내 말에 이모가 얼른 내가 가리키는 쪽으로 눈길을 주더니 얼어 버린 듯 아무 말 없이 눈만 크게 떴다.

나는 얼른 신성호 작가에게 달려가 큰 소리로 외쳤다.

"작가님, 작가님! 저예요! 은무!! 자랑스러운 은무! 이모도 함께 있어요!"

나는 그동안 외쳤던 감탄사 중에서 최고의 감탄사를 토해 내며 신성호 작가에게 와락 안겼다.

"어, 어, 이런 기적이 일어나다니!"

신성호 작가 역시 놀란 눈치였다.

사장님이 놀란 눈으로 나와 신성호 작가를 바라보며 물었다.

"아는 사이였습니까?"

신성호 작가가 수세미꽃처럼 벙긋 웃으며 말했다.

"네……! 너무나 잘 아는 사이지요!"

신성호 작가가 이모에게 다가가 말했다.

"노영주 작가님, 전화도 안 받고 카톡도 안 돼서 궁금했는데 여기에 계셨군요. 방금 전, 사장님께서 한국 사람들과 동행해도 괜찮겠냐고 물으셨는데 바로 노영주 작가님이었군요! 와!"

언니가 호기심이 가득한 얼굴로 우리 셋의 얼굴을 살피고 있었다.

사장님이 말했다.

"혹시 괜찮다면 제 차로 다음 목적지까지 모셔다 드리겠습니다."

이모는 마음이 흔들리는 것 같았다.

"아니, 그건 너무 실례가 될 것 같은데……. 다음 목적지가 어디인지요?"

이모 말에 신성호 작가가 흔쾌히 말했다.

"우리는 바로 수도교로 이동하려고요. 괜찮으시다면 같이 이동을 할까요?"

나는 내 귀를 의심했다. 그리고 조금 전 내가 했던 기도를 생각했다. 내가 조심스럽게 이모의 표정을 살피며 끼어들었다.

"와! 작가님, 이모가 수도교를 꼭 봐야 한다고 했는데 그곳은 접근성이 어려워서 걱정하고 있었어요."

신성호 작가가 이모의 표정을 살폈다.

이모가 담담하지만 확실하게 말했다.

"폐가 안 된다면 정말 고맙습니다!"

우리는 사장님의 차를 타고 수도교로 향했다.

언니는 계속 내 귀에 속삭였다. 신성호 작가와는 어떻게 만났는지, 그분의 책은 재미있었는지, 신성호 작가가 이모에게 관심을 쏟는 것 같은데 어째 이모의 반응이 신통치 않다는 등 내 귀가 따가울 정도였다.

우리는 로마의 남동쪽으로 향했다. 거짓말처럼 말간 하늘에서 비가 양동이로 퍼붓는 것처럼 쏟아졌다. 세찬 빗줄기 때문에 밖이 보이지 않았다.

사장님이 말했다.

"올 겨울엔 비가 아주 많이 오네요. 작년 겨울에 뜻밖에 갑자기 눈이 펑펑 내려 도로가 마비된 적도 있었어요."

'Via Appia Nuova(비아 아피아 누오바)'라는 도로에 들어섰다. 비아 아피아 누오바는 '새로운 아피아 도로'라는 뜻이다. 다행히 그 도로에 들어서자 비는 거짓말처럼 그쳤다. 파란 하늘에 햇살이 눈부셨다.

드디어 수도교에 도착했다. 우리는 차 안에서 '와' 하는 함성을 질렀다. 파란 하늘과 초록 풀, 그 위에 거인처럼 긴 다리로 하늘을 이고 서 있는 수도교의 모습은 그림처럼 멋졌다. 수도교 다리 사이로 풀을 뜯고 있는 양 떼의 모습도 영화의 한 장면처럼 보였다.

그새 내린 비로 주차장으로 가는 길은 물로 넘쳤다. 작은 승용차였다면 바퀴가 물에 완전히 잠길 뻔했다.

내리기 전에 나는 사장님에게 비장한 말투로 말했다.

"제가 카타콤베에서 천사를 보내 달라고 기도했어요."

사장님이 활짝 웃으며 대답했다.

"하하하! 저와 신성호 작가님이 오늘 여러분의 천사가 되었군요!"

기분 좋은 대답이었다.

카타콤베 (Le Catacombe christiane di Roma)

- Via Appia Antica, 110/126, 00179, Roma
- 지하철 메트로 B선을 타고 치르코 마시모(Circo Massimo) 역에서 하차하여 버스 118번을 타고 카타콤베 디 산 칼리스토(Catacombe di San Callisto) 정류장에서 하차.
- 39-06-5130151
- 9:00~12:00, 14:00~17:00 (휴무) 1/1, 5/1, 12/25
  ※ 사정에 따라 관람 시간과 휴무가 바뀌니 주의!
- 7~15세 5유로, 성인 8유로
- www.catacombe.roma.it

 # 수도교는 파란 하늘을 이고 있었다

초록의 싱그러운 풀과 파란 하늘이 눈 안으로 가득 들어왔다. 긴 거리를 왔다는 축하 선물로 햇살이 싱그럽게 물기를 머금은 하늘을 닦아 내고 있었다. 브로콜리를 머리 위에 얹은 것 같은 늘씬한 로마 소나무들이 나 좀 봐 달라는 듯 내 눈길을 끌었다.

"괴테는 이 수로를 보고 '개선문을 연결한 것 같다'고 했어."

이모의 말에 언니가 나지막이 말했다.

"…… 맞네! 개선문을 보는 느낌이야. 이곳에 오지 않았더라면 로마의 모습을 반만 보고 갈 뻔했어."

이모는 신성호 작가에게 수도교에 대한 설명을 부탁했다.

"하하, 영광입니다. 이렇게 멋진 세 숙녀분에게 설명을 할 수 있는 기회를 주셔서. 이 고가 수로는 칼리굴라 황제가 38년에 시작하여 클라우디우스 황제가 52년에 완성한 것인데, 완성한 황제의 이름을 따서 '아쿠아 클라우디아'라고 합니다. 이 길이는 지하와 지상을 합쳐 무려 68킬로미터나 되고, 땅 위에 세워진 고가 수로만 해도 약 10킬로미터나 되는데 로마에 엄청난 물을 공급했답니다."

언니가 끼어들었다.

수도교 앞 로마 소나무들

"저, 작가님, 반말 쓰셔도 돼요. 편하게 말씀하셔요."

"하하, 그래도 이번에 대학생이 되는 숙녀분께 반말로 하는 것은 예의가 아닌 것 같네요. 우리 짜무도 중학생이 되고."

언니가 눈을 크게 뜨고 외쳤다.

"아니, 은무가 짜무라는 것도 아시고. 그동안 엄청 친하게 지냈나 봐요?"

언니는 부러움과 질투가 섞인 눈빛으로 나를 바라보았다.

"네, 짜무와는 이미 작년부터 친해졌지요. 자, 계속 설명 이어 갈게요. 그 후 네로 황제는 자신의 궁전과 공공 목욕장에도 물을 공급했고, 도미티아누스 황제도 팔라티노 언덕의 궁전에 물을 공급했습니다. 물이 흐르는 부분은 납이나 진흙을 구워 만들든가, 아니면 돌을 길게 쌓아 굴처럼 만들었습니다. 로마 주변의 물에는 석회가 많아 침전물들을 정기적으로 제거해야 했기 때문에 적당한 거리마다 구멍을 만들어 안을 정기적으로 들여다볼 수 있게 했답니다. 그런데 재미있는 것은 수로에 파이프를 몰래 연결해 개인용으로 물을 빼돌리는 일이 많았대요. 그래서 네르바 황제와 트라야누스 황제 때는 수로를 관리하는 사람이 생기기도 했다는 거예요. 그런데 로마 인들의 놀라운 기술을 알 수 있는 것은 1000분의 1 각도로 물을 내보냈다는 것입니다. 그래서 물이 고이지 않고 흘러갈 수 있었던 것입니다. 흠흠, 로마의 눈이 판테온이라면 로마의 혈관은 수도교, 로마의 심장은 입법, 사법, 행정을 하던 곳인 포룸 로마눔이 될 수 있고, 로마의 혼은 기타콤베, 로마의 팔, 다리는 아피아 가도, 로마의 얼굴이 바로 콜로세움이라고 할 수 있습니다. 지금 여러분은 바로 로마의 혈관을 보고 있는 것입니다. 하하!"

수도교

우리는 신성호 작가에게 힘차게 손뼉을 쳐 주었다.

언니가 나보다 더 신성호 작가에게 관심이 많았다. 언니는 신성호 작가 옆에 바짝 붙어 떨어질 생각을 하지 않았다.

이모와 나는 수도교 가까이 가서 사진도 찍고 양 떼도 구경했다.

언니가 우리에게 다가와 말했다.

"이모, 이번에 신성호 작가님의 '로마에서 만난 아이, 모모' 책에 그림을 그리기로 했다면서? 와! 그런 좋은 일을 왜 우리에겐 말하지 않았어? 완전 치사하다!!"

『로마에서 만난 아이, 모모』, 나는 고개를 갸웃거렸다. 혹시 그 아이가 내가 아닐까? 섣부른 생각을 하며 나는 혼자 속으로 큭큭 웃었다.

신성호 작가가 싱긋 웃으며 이모에게 말했다.

"노영주 선생님, 잠깐 드릴 말씀이 있는데요."

갑자기 이모 얼굴이 굳어지는 것 같았다.

언니와 나는 두 사람을 두고 수도교 안이 잘 보이는 곳으로 걸음을 옮겼다. 언니가 말했다.

"우아! 진짜 이건 기적이다! 이모는 이런 기적의 힘을 무시하면 안 되는 거 아냐! 이모와 신성호 작가님은 하늘이 맺어 준 인연인 것 같아."

언니는 완전히 들떠 있었다. 이모가 신성호 작가의 사랑을 거절한다면 언니가 가만히 있지 않을 기세였다.

나는 멀리서 이모와 신성호 작가의 모습에 간간이 눈길을 주었다. 이모 얼굴에 살풋 웃음이 걸려 있는 것이 보였다. 편안한 웃음, 행복한 웃음이었다. 언니 말처럼 두 사람은 하늘이 맺어 준 인연처럼 보였다. 두 사람은 신혼여행을 온 사람처럼 다정해 보였다.

그날 저녁은 아리랑 식당에서 언니가 좋아하는 파전과 삼겹살 볶음으로 배가 탱탱해질 때까지 먹었다. 언니와 나는 이모와 신성호 작가를 뒤로하고 피곤하다는 이유로 호텔 방으로 먼저 들어왔다. 꿈에서도 삼겹살을 먹고 있었다.

 로마에서 마지막 날 똘레랑스를 품다

한국으로 돌아가는 비행기는 늦은 밤 시간이다. 우리는 가방을 싸서 호텔 로비에 맡겨 두고 그동안 우리가 다녔던 곳을 가볍게 산책하기로 했다.

나는 아침부터 신성호 작가를 기다렸다. 언제쯤 이모와 우리를 만나러 올지 이모보다 언니와 내가 가슴 졸이며 기다린 것이다. 이모는 아무렇지도 않은 사람처럼 평상시와 같이 행동했다.

언니가 이모의 표정을 살피며 물었다.

"이모, 오늘 혹시 신성호 작가님 안 만나?"

이모는 아무 말 없이 짐을 정리했다.

우리는 로마가 시작된 팔라티노 언덕으로 향했다.

언니는 쓰라린 기억이 떠오르는지 얼굴을 잠깐 찡그리더니 어깨를 으쓱하곤 말했다.

"뭐, 기분 좋은 곳은 아니지만 그렇다고 피할 이유까진 없어. 이모 말대로 로마의 정신이 똘레랑스, 즉 관용의 정신이라면 진영이와 진수 오빠도, 심지어 나를 욕한 승숙이도 품어 줘야지. 가자구, 가! 이참에 포룸 로마눔도 품어 가게."

언니가 편안해 보여 덩달아 나도 기분이 좋아졌다.

가벼운 마음으로 팔라티노 언덕으로 올랐다. 나무 그늘에 앉아 키르쿠스 막시무스를 내려다보니 사람들의 아우성이 들리는 것 같았다.

언니가 이모에게 불쑥 말을 꺼냈다.

"이모, 신성호 작가님 참 좋은 분이던데. 내가 보기엔 이모가 마음을 열지 않는 것 같아. 튕기는 거야?"

언니 말에 이모가 피식 웃더니 잠깐 생각에 잠기다 입을 열었다.

"알지. 좋은 분이야……."

언니가 답답한 듯 말했다.

"근데 왜? 이몬 복도 많잖아. 이모 좋다고 이모를 기다리는 작가도 있고."

"……."

나는 이모의 눈을 바라보았다. 이모 눈에 수없이 많은 자잘한 알갱이들이 모여 빛을 내고 있었다.

"…… 난 두려워……. 난 지금 이대로가 좋거든. 여행하고 그림 그리고, 나 혼자 사는 삶이 나쁘지 않은데…… 결혼을 해서 서로에게 실망을 하거나 매이게 되면 내가 좋아하는 일들을 못 하게 될까 봐……. 그래서 신성호 작가가 가까이 접근을 하는 것이 두려워."

아, 이모에게도 고민이 있었던 것이다. 이모 역시 신성호 작가를 좋아하는데 두려움 때문에 자기만의 껍질 속에서 벗어나기를 주저하고 있는 것이다.

"이모, 알에서 깨어나야 날 수 있어. 그래야 더 큰 세상을 볼 것 아니야. 두 분이 하나가 되면 지금보다 더 많은 일들을 할 수 있을 것 같아. 그리고 이몬 얼마나 멋진 사람인데. 나는 이모와 여행을 하면서 이모를 새롭게 봤어. 이몬 세상에서 가장 자랑스러운 내 이모야!! 나를 로마까지 데려온 멋진 이모! 하여튼 이모가 사랑을 해야 성격도 부드러워지고……. 크큭."

나는 그 말을 하면서 혼자 크륵크륵 웃었다.

언니가 내 머리를 흩뜨리며 말했다.

"와! 내 동생 짜무 정말 대단하다! 어떻게 그렇게 멋진 멘트를 날리니?"

이모가 씨익 웃으며 물었다.

"내가 아직도 마녀 이모로 보이니?"

언니가 고개를 흔들며 말했다.

"전혀! 도리어 미녀 이모로 보여. 얼굴만 예쁜 게 아니라 지식까지 너무 예쁘게 저장되어 있는 멋진 이모! 풋풋, 내가 너무 아부했나?"

나는 깜짝 놀라 언니의 얼굴을 보며 말했다.

"언니, 신성호 작가님도 이모를 미녀 이모라고 했어."

"뭐얏! 그럼 내 생각과 신성호 작가님의 생각이 딱 맞았네! 역시! 우린 통하는 데가 있어."

언니와 내가 동시에 외쳤다.

"미녀 이모!! 결혼해! 결혼해!"

이모가 빙그레 웃으며 말했다.

"아직 제대로 사귀어 보지도 않았어. 그만해라!"

순간 언니가 시계를 보더니 혼잣말을 했다.

"올 시간이 되었는데……."

"누구 기다려? 혹시 진수 오빠?"

내가 묻는 말에 언니는 내 머리를 흩트리려 하다가 피식 웃었다.

"그래, 이제 진수 오빠라고 맘껏 불러도 괜찮아. 이름만 들어도 힘들었는데……. 이제 서서히 괜찮아지겠지."

언니는 아직 진수 오빠를 다 떨쳐 낸 것 같지 않았다. 다만 오빠 때문에 힘들고 괴로워하는 것 역시 자신의 몫으로 받아들이겠다는 것 같았다. 그런데 언니가 기다리는 사람은 누굴까? 혹시? 그 생각을 하면서 팔라티노 언덕의 내리막길을 바라보았다.

와! 내 생각이 맞았다. 신성호 작가가 손에 꽃다발을 들고 우리가 있는 곳으로 걸어오고 있었다.

"야호! 작가님!"

나는 벌떡 일어나 환호성을 치며 펄쩍펄쩍 뛰었다. 이모가 어정쩡한 모습으로 신성호 작가 쪽을 바라보았다. 언니와 신성호 작가가 눈을 째긋한 것으로 보아 언니가 우리 있는 곳을 알려 준 것 같았다. 꽃다발 속에는 장미꽃과 프리지아, 카네이션이 섞여 있었다.

신성호 작가가 이모에게 꽃을 내밀며 말했다.

"노영주 작가와 비슷한 이미지를 갖고 있는 꽃을 찾으려고 했는데……. 아쉬운 대로 준비했습니다……. 우리 만난 지 딱 5개월이 되었습니다. 이제 정식으로 사귀자고 청합니다. 부디 거절하지 마세요."

와, 내 가슴이 왜 이렇게 벌렁거리며 방방 뛰어 대는지, 마치 내가 사랑 고백을 받는 것처럼 얼굴이 발그스름해졌다. 비록 결혼 신청은 아니지만 사귀면서 서로를 알아 가는 것이 중요할 것 같았다.

잠깐 감동에 잠겨 있던 언니와 나는 얼른 정신을 차리고 박수를 쳤다.

"받아 줘! 받아 줘!"

나는 불안했다. 언니도 그런지 얼굴이 굳어 있었다. 이모 얼굴이 잠깐 실룩거렸다. 저러다 화를 내고 도망가는 것은 아닌지, 아니면 버럭 소리를 지르는 것은 아닌지, 짧은 시간이지만 나는 온갖 생각을 하며 일이 어떻게 될지 초조해했다.

이모가 나와 언니를 겨끔내기로 바라보더니 아이처럼 맑은 웃음을 지었다.

"좋아요!"

언니와 나는 이모에게 달려가 와락 이모를 안았다.

"와! 마녀 이모, 아니 미녀 이모 만세!!"

이모가 꽃다발을 쥔 채 휘청했다.

"아, 이거 뭐하는 일이야! 이산가족 상봉하니?"

아차, 언니와 나는 얼른 뒷걸음질을 치며 말했다.

"이모를 안을 사람은 우리가 아니라 신성호 작가님인데……."

"내려가지요! 제가 오늘 로마에서 가장 아름다운 식사를 대접하겠습니다. 조금 걸으면 카이사르가 암살당한 곳 바로 옆에……."

신성호 작가의 뒷말을 끊고 나와 언니가 동시에 외쳤다.

"두가티 식당이요!"

신성호 작가가 눈을 동그랗게 뜨고 말했다.

"아니, 그곳을 어떻게 알았니?"

"이모가 좋아하는 곳이거든요!!"

팔라티노 언덕을 내려오는데 뭔가 무거운 짐을 내려놓고 오는 기분이었다. 로마가 시작된 팔라티노 언덕에서 우리 이모는 이제 사랑의 행보를 시작하게 된 것이다. 언니와 나는 두 손을 꽉 잡았다. 따스한 온기가 서로의 손에서 몸으로 전해졌다. 어렸을 땐 언니와 내가 이렇게 손을 잡고 다녔으리라. 그러나 기억력이 왕성해지는 시절이 되면서 언니와 손을 잡았던 기억이 없었다.

이모가 잊은 것이 있다는 듯 뒤돌아보며 나에게 말했다.

"아, 짜무, 네게 할 말이 있어."

언니가 자리를 비켜 주며 신성호 작가에게 달려갔다.

"너 아까 나한테 너를 로마에 데려다 주어서 고맙다고 했지. 그런데 나는 너를 안내한 것뿐이고, 로마에 오는 데 든 네 비행기값을 대 준 것은 네 언니야. 금무가 유치원 때부터 이제까지 모은 돈을 너를 위해 내주었어."

나는 베스타 신전이 보이는 길 앞에서 얼어 버린 듯 우뚝 멈추며 혼잣말을 했다.

"뭐야! 언니가……!"

믿기지 않았다. 이기적인 언니가. 나는 로마에서 언니에게 이기적이라고 얼마나 툴툴거렸는데……. 부끄러워 고개를 들 수가 없었다. 앞을 보니 언니와 신성호 작가가 무슨 이야기를 하는지 계속 깔깔 웃고 있었다.

이모는 꽃다발을 보물처럼 소중히 손에 쥐고 있었다. 신성호 작가가 걸음을 멈추고 조용히 이모를 기다리고 있었다.

나는 언니에게 다가가 언니의 손을 다정하게 잡으며 속삭였다.

"언니, 고마워! 언니 덕분에 로마 여행 잘했어……. 역시 우리 언니야."

언니가 내 머리를 흩뜨리며 말했다.

"야, 쑥스럽게 왜 그래! 너답게 말해. 왈왈 대고 말하는 것이 어울려."

포룸 로마눔 길을 우리는 기분 좋게 걸었다. 이모와 신성호 작가는 사랑에 젖고 있었다. 2000년 전에 포룸 로마눔 길을 걸으며 사랑을 나누었을 로마의 젊은이들처럼.

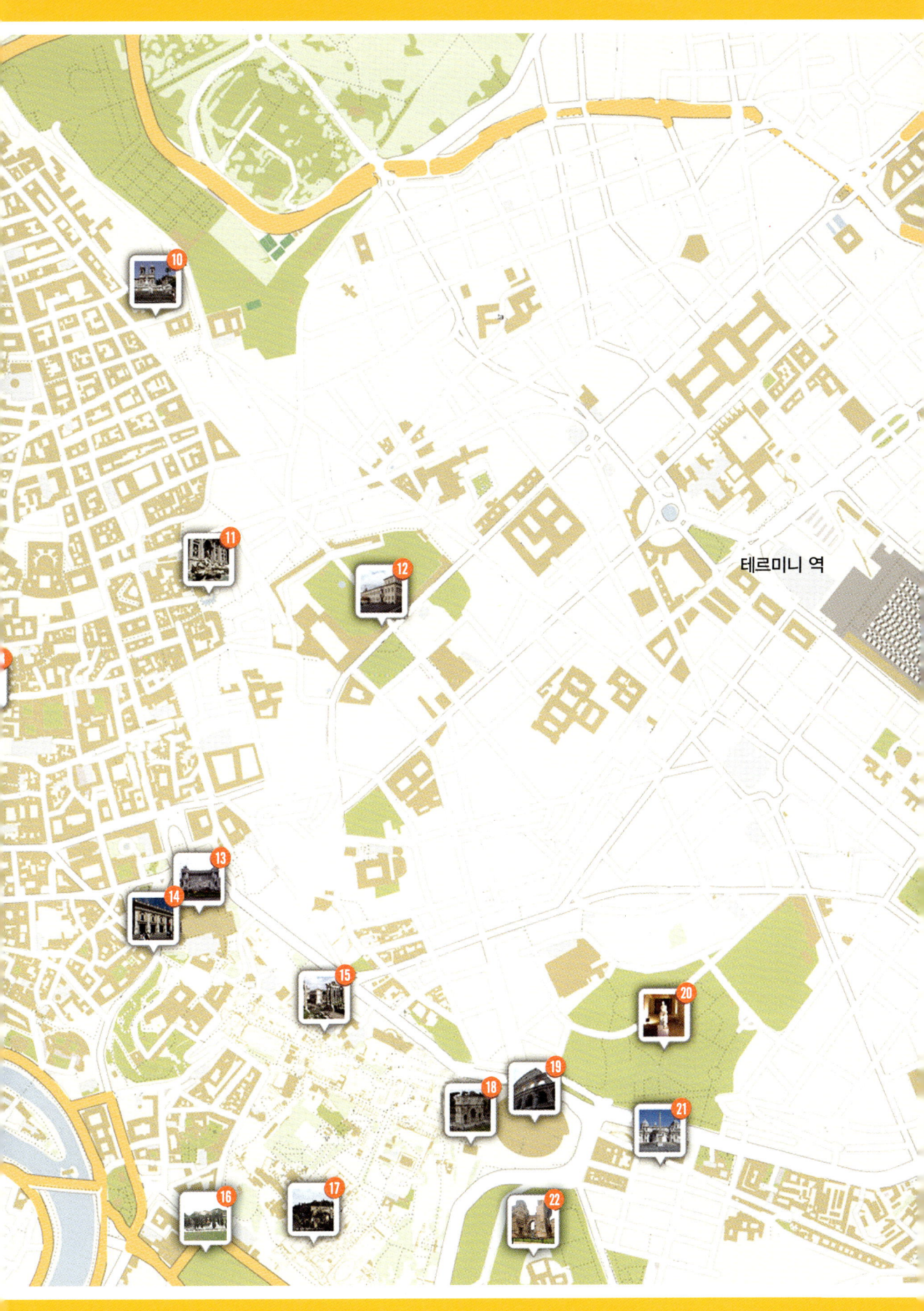

테르미니 역

참고한 책

- 『건축으로 만나는 1000년 로마』, 정태남 글, 21세기북스, 2013년
- 『고대 로마를 찾아서』, 클로디 모아티 지음, 김윤 옮김, 시공사, 1996년
- 『괴테의 그림과 글로 떠나는 이탈리아 여행』, 요한 볼프강 폰 괴테 글, 박영구 옮김, 생각의나무, 2006년
- 『로마 : 고대 문명의 역사와 보물』, 마리아 테레사 구아이톨리 지음, 김원옥 옮김, 생각의나무, 2007년
- 『로마 : 똘레랑스의 제국』, 한형곤 글, 살림출판사, 2004년
- 『로마 : 여행만으로는 알 수 없는 로마의 모든 것』, 클레이 램프럴 글, 오숙은 옮김, 시공주니어, 2013년
- 『로마 걷기 여행』, 존 포트 레이첼 피어시 지음, 정현진 옮김, 터치아트, 2012년
- 『로마 산책 : 매력과 마력의 도시』, 정태남 지음, 마로니에북스, 2008년
- 『로마 어린이는 어떻게 살았을까?』, 롤프 크렌처 글, 마티아스 베버 그림, 김희상 옮김, 어린이작가정신, 2006년
- 『로마 역사의 길을 걷다』, 정태남 글, 마로니에북스, 2009년
- 『로마 제국 쇠망사』, 에드워드 기번 글, 데로 손더스 편, 황건 옮김, 까치, 2010년
- 『로마 제국사』, 장 마리 앙젤 지음, 김차규 옮김, 한길사, 1999년
- 『로마인 이야기 1 : 로마는 하루아침에 이루어지지 않았다』, 시오노 나나미 지음, 김석희 옮김, 한길사, 1995년
- 『로마인의 삶』, 존 셰이드, 로제르 아눈 지음, 손정훈 옮김, 시공사, 1999년
- 『르네상스 명작 100선』, 김상근 지음, 연세대학교 출판부, 2007년
- 『먼나라 이웃나라 6 : 이탈리아』, 이원복 지음, 김영사, 2012년
- 『바티칸』, 바티칸박물관 출판국 한글판, Francesco Parafava, 1993년
- 『빛나는 로마 역사 이야기』, 주느비에브 포스터 지음, 남경태 옮김, 꼬마이실, 2006년
- 『열두 명의 카이사르』, 수에토니우스 지음, 조윤정 옮김, 다른세상, 2009년
- 『진중권의 서양미술사-고전예술편』, 진중권 글, 휴머니스트 2008년
- 『트로이아 전쟁과 목마』, 로즈마리 셧클리프 글, 이윤기 옮김, 국민서관, 2001년

로마의 거리